Notas de fe sobre el Nuevo Testamento

I0149028

EL
REGRESO

Un comentario bíblico
de

1 Y 2 TESALONICENSES

Dr. Thomas L. Constable

AUTHENTICITY
BOOK HOUSE

Authenticity Book House
c/o Proven Way Ministries
The Hope Center
2001 W. Plano Parkway, Suite 3422
Plano, TX 75075

El Regreso: Un comentario bíblico 1& 2 Tesalonicenses
Notas de Fe del Nuevo Testamento
Copyright © 2007, 2014, 2015 by Dr. Thomas L. Constable

ISBN: 978-09883968-4-5

Traducids por Ecuador Para Cristo Ministry del libro *The Return: A Biblical Commentary on 1 & 2 Thessalonians* by Dr. Thomas L. Constable.

AUTHENTICITY
BOOK HOUSE

Publicado por Authenticity Book House
Impreso en los Estados Unidos de América
10 9 8 7 6 5 4 3 2 1

TABLA DE CONTENIDOS

PRIMER LIBRO

SEGUNDO LIBRO

PRIMER LIBRO

1 TESALONICENSES

INTRODUCCIÓN

Trasfondo histórico

Tesalónica fue originalmente una población antigua llamada *Thermai*, que significa "Fuente de agua caliente" La población dio su nombre al Golfo Termaico del Mar Egeo en donde se localizan a sus orillas. En tiempo se convirtió en una ciudad importante por su lugar estratégico. Casandro, el rey Macedonio, fundó la ciudad moderna en 315 A.C. y lo nombró por su esposa, quien fue la media hermana de Alejandro Magno. Fue capital de la provincia Romana de Macedonia, y estaba localizada junto a la *Via Egnatia,* la carretera Romana hacia el Oriente. En los días de Pablo fue una comunidad con su propio gobierno y con suficientes Judíos residentes para justificar una sinagoga (Hechos 17:1).

Bajo los romanos fue la capital de la segunda de las cuatro divisiones de Macedonia, y cuando estos fueron unidos para formar una sola provincia en 146 A.C. se convirtió en la capital, y también la ciudad más grande de la provincia

Pablo primero visitó Tesalónica durante su segundo viaje misionero con Silas y Timoteo. Hace muy poco habían salido de prisión en Filipos y partieron al Sur hacia Tesalónica. Por al rededor de tres Días de Reposo Pablo razonaba en la sinagoga con los que estaban presentes, y muchos creyeron el Evangelio (Hechos 17:2). Sin embargo, él probablemente ministró en Tesalónica por más de solo tres semanas en vista de lo que él escribió de lo que había hecho ahí (e.g., 1 Tes. 2:9; cf. Filip. 4:15–16).[1] Aquellos que respondieron al mensaje de los sufrimientos y la resurrección (Hech. 17:3, 7) fueron judíos (Hech. 17:4) y prosélitos al judaísmo temerosos de Dios. Habían también algunas mujeres principales de las ciudad y algunos paganos adoradores de ídolos (Hechos 17:4–5).

Si Macedonia produjera el grupo más competente de hombres que el mundo quizás había visto hasta esos momentos, las mujeres estaban en todo los aspectos a la altura de los hombres; ellas jugaron papeles importantes en algunos asuntos, recibieron envíos y obtuvieron concesiones de sus esposos, construyeron templos, fundaron ciudades, dominaron mercenarios, comandaron ejércitos, sostuvieron

[1] Robert L. Thomas, "1 Thessalonians," en Ephesians-Philemon, vol. 11 de The Expositor's Bible Commentary, p. 230; Charles A. Wanamaker, The Epistles to the Thessalonians, p. 7.

fortalezas, y en algunas ocasiones actuaron como re-
gentes o hasta como co-gobernantes.²

Cuando los no convertidos judíos escucharon de la con-
versión de los prosélitos, quienes estaban siendo discipulados,
encendieron una turba de maleantes quienes atacaron la casa de
Jasón. Pablo se estaba hospedando con él. Incapaces de encontrar
a los misioneros, la turba arrastró a Jasón ante los magistrados
quienes simplemente le ordenaron mantener la paz. Convencidos
del peligro para Pablo y para Jasón, los cristianos alejaron a Pablo
y a Silas de la ciudad en la noche hacia Berea (Hechos 17:10).

Pablo y su equipo comenzaron su trabajo evangelístico
en Berea en la sinagoga, como era su costumbre. Sin embargo
cuando algunos de los judíos de ahí creyeron, los tesalonicenses
judíos descendieron a Berea y provocaron más problemas (Hechos
17:10–13). Los cristianos de Berea alejaron a Pablo hacia Atenas,
pero Silas y Timoteo permanecieron en Berea (Hechos 17: 14).
Habiendo sido llamados por Pablo, Silas y Timoteo se reunieron
con Pablo en Atenas, pero enseguida Pablo envió a Silas de
vuelta a Filipos y a Berea, y a Timoteo de regreso a Tesalónica
(1 Tesalonicenses 3:1–3; Hechos 17: 15). Poco después los dos
regresaron a Pablo mientras él estaba ocupado en sus negocios
en Corinto (Hechos 18: 3, 5) con un presente de los cristianos de
aquellos pueblos macedonios (2 Corintios 11: 9; cf Filipenses 4: 15)

El reporte de Timoteo acerca de las condiciones en la
iglesia de Tesalónica motivó a Pablo a escribir esta epístola.
Aparentemente algunos de los tesalonicenses estaban convencidos
que Jesús regresaría en muy poco tiempo, en consecuencia ellos
habían dejado sus trabajos y se habían vuelto desordenados (cf.
1Tes. 4: 11; 5:14). Algunos estaban preocupados acerca de lo que

---

² W. W. Tarn and G. T. Griffith, Hellenistic Civilisation, pp. 98–99.

les había ocurrido a sus seres amados quienes habían muerto antes de que el Señor regrese (4: 13, 18). Había persecuciones de los gentiles como también de los judíos que aún oprimían a los creyentes. (2:17–3:10) los tesalonicenses sin embargo sostenían la verdad y estaban deseosos de ver a Pablo otra vez (3: 6–8). Algunos de afuera de la iglesia, sin embargo, permanecían hostiles hacia Pablo (2:1–12). Aparentemente había algún mal uso de los dones espirituales en la iglesia como también una desafortunada tendencia por parte de algunos a volver a sus anteriores hábitos relacionados con la impureza sexual (4:1–8; 5:19–21).

Se puede ver claramente que Pablo escribió esta carta cuando arribó a Corinto (1:7–9; 2:17; 3:1, 6; Hechos 18: 5, 11) alrededor del año 51 D.C. Si estamos de acuerdo con el fechado temprano de Gálatas, como yo lo he sugerido, este habría sido el segundo escrito inspirado que Pablo realizó. Si Pablo escribió Gálatas después de su segundo viaje misionero, 1 Tesalonicenses podría haber sido su primera epístola inspirada.[3] Sin embargo la primera opción parece la más probable.[4]

Unos pocos estudiosos han sugerido que Pablo escribió 2 Tesalonicenses antes de que escribiera 1 Tesalonicenses.[5] Este

---

[3] Thomas, p. 248; Gordon D. Fee, The First Epistle to the Corinthians, p. xi; A. T. Robertson, Word Pictures in the New Testament, 4:3; et al., sostiene que esta fue la primera epístola de Pablo.

[4] Para una discusión más amplia de este tema, vea Thomas L. Constable, "1 Thessalonians," en The Bible Knowledge Commentary: New Testament, pp. 687–89; and the New Testament Introductions. Karl P. Donfried, "The Cults of Thessalonica and the Thessalonian Correspondence," New Testament Studies 31:3 (July 1985):336-57, que dan una útil información de fondo acerca de los antecedentes religiosos y políticos de Tesalónica

[5] T. W. Manson, "St. Paul in Greece: The Letters to the Thessalonians," Bulletin of the John Rylands Library 35 (1952–53):438-46; ibid., Studies in the Gospels and Epistles, abanderaron este concepto. Otros estudiosos han seguido su guía (e.g., Wanamaker, pp. 37-45). De acuerdo con esta teoría 1 Tesalonicenses responde a asuntos propuestos en 2 de Tesalonicenses.

argumento no es tan improbable como inicialmente parece siendo que la secuencia tradicional de las cartas paulinas a las iglesias se basa en su longitud en lugar de su fecha. No obstante esta teoría no ha convencido a la mayoría de los estudiosos.[6]

Propósito

En vista del contenido de esta epístola, Pablo tenía por lo menos tres propósitos en mente cuando la escribió. Primero, quería animar a los cristianos de Tesalónica quienes estaban progresando muy bien en su nueva fe (1:2–10). Segundo, quería corregir una mala información acerca de él mismo y de sus compañeros misioneros que algunos de sus críticos estaban circulando en Tesalónica (2:1-3:13). Tercero, la escribió para dar instrucciones adicionales que pudieran contribuir con el crecimiento espiritual de los tesalonicenses (4:1–5:24). En vista de que nosotros consideramos 1 y 2 de Timoteo y Tito como las Epístolas Pastorales, 1 y 2 de Tesalonicenses son evidentemente pastorales y personales. Revelan mucho del "Celo pastoral de Pablo y su interés intenso en el bienestar espiritual de sus convertidos."[7] Como tal ellos son un recurso invalorable para las personas en el ministerio pastoral. Mucho más allá de la grandiosa contribución teológica de las Epístolas (1 y 2 de Tesalonicenses) su importancia descansa en lo que ellas dicen acerca de escatología.[8]

---

[6] Vea F. F. Bruce, 1 and 2 Thessalonians, pp. xxxix-xliv, para una buena discusión de este asunto. Otros estudiosos pensaban que Pablo escribió 1 de Tesalonicenses primero, incluyendo a E. A. Best, A Commentary on the First and Second Epistles to the Thessalonians (1977 ed.), pp. 43-44; I. Howard Marshall, 1 and 2 Thessalonians, p. 26; R. Jewett, The Thessalonian Correspondence: Pauline Rhetoric and Millenarian Piety, pp. 24-25; Morris, pp. 27-30; y muchos otros.

[7] Ibid., p. 19.

[8] Thomas, p. 233.

. . . casi un cuarto de 1 Tesalonicenses y cerca de la mitad de 2 Tesalonicenses lidia con problemas y asuntos relacionados con la Parousia o la venida de Cristo desde el cielo.[9]

Las cartas a los tesalonicenses presentan la primera evidencia literaria para el uso de *parousia* . . . en el sentido del futuro advenimiento de Cristo: pues se menciona en este sentido seis veces en las dos cartas. El evento es pintado repetidamente en un lenguaje prestado de retratos de Teofanías del AT. Pero son las implicaciones éticas las que se enfatizan princi-palmente: Los escritores miran a futuro a la Parousia especialmente como el momento cuando su servicio será revisado y recompensado por el Señor quien los comisionó, y ellos estarán satisfechos, ellos dicen, de ser evaluados por la calidad de sus convertidos.[10]

Bosquejo

I. Salutación 1:1

II. Acción de gracias por los tesalonicenses 1:2–3:13

    A. Acciones de gracias para los tesalonicenses 1:2–10

        1. Declaración sumaria 1:2–3

        2. Razones específicas 1:4–10

    B. Recordatorios para los tesalonicenses 2:1–16

        1. Como fue entregado el evangelio 2:1–12

        2. Como fue recibido el evangelio 2:13–16

    C. Preocupación por los tesalonicenses 2:17–3:13

        1. Deseos de verlos otra vez 2:17–3:5

        2. El gozo de escuchar acerca de ellos 3:6–13

---

[9] Wanamaker, p. 10.

[10] Bruce, p. xxxviii.

III. Instrucciones prácticas y exhortaciones 4:1–5:24

    A. Vida cristiana 4:1–12

        1. Crecimiento continuo 4:1–2

        2. Pureza sexual 4:3–8

        3. Amor fraternal 4:9–12

    B. El rapto (arrebatamiento) 4:13–18

    C. Estar atentos individualmente 5:1–11

    D. Vida de la Iglesia 5:12–15

        1. Actitudes frente a los líderes 5:12–13

        2. Interrelación entre ellos. 5:14–15

    E. Conducta individual 5:16–24

        1. Acciones y actitudes personales 5:16–18

        2. Acciones y actitudes en sociedad 5:19–22

        3. Una habilitación divina 5:23–24

IV. Conclusión 5:25–28

EXPOSICIÓN

I. Salutación 1:1

Pablo escribió esta primera frase para identificarse, a sus compañeros, y a sus destinatarios, y para transmitir una palabra formal de saludar.

En el tiempo en que escribió esta epístola, Silas y Timoteo estaban con Pablo. "Silvano" era la forma romana de su nombre, Que Pablo prefería sobre "Silas." Lucas usaba "Silas" (Hech.15:22; et al.). Nadie sabe si este Silvano es el mismo hombre que Pedro mencionó en 1 Pedro 5:12. Silas y Timoteo fueron los socios iniciales en su segundo viaje misionero durante el cual la iglesia de Tesalónica tuvo su origen (Hech.15:40). Sabemos más acerca del trasfondo de Timoteo de lo que sabemos acerca de Silas. Pablo pudo haber guiado a Timoteo hacia la fe en Cristo en su primer viaje misionero. (1 Tim. 1:2; Hech.13–14). Timoteo había recientemente regresado a Pablo en Corinto. Él había venido de Tesalónica trayendo noticias de las condiciones en que la iglesia estaba (3:1–2, 6). Los tesalonicenses conocían a estos tres hombres personalmente.

Primera y 2 de Tesalonicenses son las únicas epístolas paulinas en las que Pablo no detalla su nombre o los nombres de sus compañeros escritores. Esto probablemente nos indica que su relación con los Tesalonicenses era estable.[11]

La "Iglesia" (Griego *ekklesia*) es un grupo de personas, igualmente judíos y gentiles, a quienes Dios había llamado afuera de la masa de la humanidad para una vida separada delante de Él. La palabra griega se refiere a diferentes tipos

---

[11] D. Michael Martin, 1, 2 Thessalonians, p. 47.

De conglomerados (sociales, políticos, y religiosos), y en la septuaginta es un sinónimo para "sinagoga" Este término se hizo útil para Pablo para ganar acceso al mundo gentil como también en separarlos del mundo judío.

Pablo reconocía la igualdad de Jesucristo con Dios el Padre. Dios no es solamente el fuerte, amoroso, Padre dador de seguridad, sino que también es el Señor Soberano y Su gente debe obedecerle.

"Gracia" era un saludo griego muy común que significaba "Saludos" o "regocijo". Paz es el equivalente griego del hebreo "shalom" que significa "favor", "bienestar", y "prosperidad en el sentido más amplio", especialmente prosperidad en los asuntos espirituales. Pablo usó las dos palabras cuando saludó a los destinatarios de sus epístolas. La gracia de Dios es la base y nos lleva a nuestra paz.

La ausencia de cualquier referencia al apostolado de Pablo en cualquiera de sus escritos inspirados a las iglesias de Macedonia, a saber, a aquellas en Tesalónica y Filipos, es notable. Él mencionó su apostolado en todas sus otras epístolas y algunas veces tuvo que defenderlo vigorosamente (e.g., en 2 Corintios). Evidentemente las iglesias de Macedonia nunca cuestionaron el apostolado de Pablo como lo hicieron las iglesias de otros lugares. (e.g., en Galacia y Corinto).

II. Alabanzas personales y explicaciones 1:2–3:13

A. Acción de gracias por los tesalonicenses 1:2–10

A continuación Pablo revisó varios aspectos de la salvación de los tesalonicenses y dio gracias a Dios por ellos para animar a sus lectores a perseverar a pesar de la persecución.

> Pablo, como un buen psicólogo, y con verdadero tacto cristiano, comienza con alabanzas aún cuando su intención era pasar a reprender.[12]

1. Declaración sumaria 1:2–3

La respuesta de los tesalonicenses al evangelio y su persistencia en la fe hizo que Pablo y sus compañeros agradezcan a Dios por ellos continuamente.[13] Tres características de estos cristianos eran destacables para Pablo. Primero, se habían vuelto a Cristo en fe. Segundo, lo habían servido por amor. Tercero, habían soportado pacientemente bajo tribulación debido a la esperanza que tenían por delante. Ellos habían ejercitado su fe en el pasado cuando al principio confiaron en Cristo. Cada virtud encontraba su objeto en Crist Jesús puesto que vivía delante de Dios. Lo amaban en el presente, y esperaban por su regreso en el futuro (cf. 1 Cor. 13:13).

> Estas tres virtudes Cristianas-fe, amor, y esperan-za-ocuparon un lugar amplio en los más tempranos

---

[12] William Barclay, The Letters to the Philippians, Colossians and Thessalonians, p. 217.

[13] "Continuamente" es una hipérbole que significa muy a menudo. Obviamente Pablo no quiere decir que empleaba todo su tiempo orando por los tesalonicenses.

análisis acerca de la responsabilidad cristiana. La expectativa era de que en cada vida la fe trabajaría (Gal. 5:6; Santiago 2:18), el amor sería laborioso (Apoc. 2:2, 4), y la esperanza perduraría (Rom. 5:2–4; 8:24, 25). Este equilibrio triple probablemente apareció antes de que la posición doctrinal de Pablo haya madurado y quizás vino de las enseñanzas del mismo Cristo.[14]

Esta tríada de fe, esperanza y amor es la quintaesencia de la vida dada por Dios en Cristo.[15]

2. Razones específicas 1:4–10

1:4–5

El título favorito de Pablo para los tesalonicenses era "hermanos". Él lo usó 15 veces en esta epístola y siete veces en 2 Tesalonicenses. Da énfasis a la igualdad entre los cristianos en la familia de Dios, judíos y gentiles, y revela el gran afecto de Pablo por sus convertidos tesalonicenses.

La frase *amado por Dios* era una frase que los judíos aplicaban solamente a hombres supremamente grandes como Moisés y Salomón, y a la misma nación de Israel. Ahora el más grande privilegio de los hombres más grandes del pueblo escogido de Dios ha sido extendido al más humilde de los gentiles.[16]

Pablo agradeció a Dios por haber escogido a los creyentes tesalonicenses para salvación.[17] Su respuesta al evangelio probaba

---

[14] Thomas, p. 242. Cf. A. M. Hunter, Paul and His Predecessors, pp. 33-35.

[15] Gunther Bornkamm, Paul, p. 219.

[16] Barclay, p. 218.

[17] Existen tres cláusulas participios que modifican el verbo principal eucharistoumen ("damos gracias," v. 2). Versículo 2b nos da la forma de dar gracias, versículo 3 la ocasión, y versículo 4 la causa final.

que Dios los había escogido. Pablo no los persuadió mediante una oratoria inteligente, sino el poder (Gr. *dynamei*, caso dativo) de Dios a través del confrontante trabajo del Espíritu Santo que los ha traído a la fe en Cristo (cf. Rom. 1:16).[18]

> El poder espiritual y la convicción con que el mensaje fue recibido coincidía con el poder espiritual y la convicción con que fue entregado.[19]

Las vidas de los predicadores quienes se habían comportado consistentemente de acuerdo con lo que enseñaron en tesalónica habían apoyado sus mensajes.

> La convicción es invisible sin acciones. Tanto la convicción de Pablo como la de los tesalonicenses (vistas en sus respectivas acciones) testificaban de la genuina relación que cada uno tenía con el Dios que los escogió...[20]

> Personas tanto de la comunidad religiosa como de la filosófica del primer siglo sintieron que los únicos maestros que se merecían un momento de atención eran aquellos que enseñaron con sus vidas así como con sus palabras.[21]

1:6–7

Pablo estaba agradecido también que sus lectores habían demostrado el fruto de su fe al convertirse en seguidores de sus

---

[18] Esta palabra griega enfatizaba el poder interior que poseía el misionero, no necesariamente esa manifestación sobrenatural que acompañaba sus predicaciones, que dynameis ("milagros," 1 Cor. 12:10; Gal. 3:5) habría dado énfasis.

[19] Bruce, p. 15.

[20] Martin, p. 59.

[21] Ibid. Cf. A. J. Malherbe, Moral Exhortation, A Greco-Roman Sourcebook, pp. 34–40.

maestros y de su Señor. Ellos habían dado la bienvenida al mensaje del evangelio aunque esto significó mucho sufrimiento para ellos a causa de las persecuciones por parte de no creyentes judíos y gentiles. La mayoría de los escritores neo testamentarios dieron por hecho de que la tribulación es una experiencia normal de los cristianos (cf. Juan 16:33; Hech. 14:22). No obstante, con la tribulación también el gozo había venido a ello, el gozo de los pecados perdonados. Las nuevas de su buen ejemplo habían circulado dentro de su propia provincia de Macedonia pero además habían llegado a su vecina provincia del Sur, Acaya. Este excelente ejemplo incluía generosas dádivas a otros cristianos en necesidad (2 Cor. 8:1-8).

> Esta es una gran oración, en primer lugar porque Pablo no llama a ninguna otra iglesia un modelo, y en segundo lugar él considera a los tesalonicenses como ejemplos, no solo para los paganos, sino también para los cristianos a través de Grecia.[22]

1:8

Los tesalonicenses habían actuado como corredores de postas comunicando este evangelio que habían escuchado en los lugares más lejanos. Ellos fueron una iglesia misionera.

> La figura es la de un eco que continua indefinidamente (tiempo perfecto, *eksechetai*, "sonó") e implica la persistencia del testimonio sobre una siempre creciente extensión...[23]

Ellos eran tan efectivos en esto que Pablo sintió que su ministerio de evangelismo pionero ya no era necesarios en esa área. Posiblemente solo las noticias de la fe de los tesalonicenses

---

[22] Morris, p. 38.
[23] Thomas, p. 247.

habían circulado tan ampliamente, pero no habían mandado misioneros.[24]

1:9

Otras personas decían a Pablo qué tan efectivos se habían vuelto sus lectores al esparcir el evangelio desde que lo habían escuchado de él. Informaron cómo los tesalonicenses se habían vuelto de los ídolos a servir al único divino y verdadero Dios (cf. Tito 2:11–13). Esta fue la evidencia de su fe y amor (v. 3).[25] Esta referencia indica una considerable población gentil en la iglesia ya que un vicio gentil era la idolatría. Evidentemente habían dos tipos de gentiles en la iglesia de los tesalonicenses: Gentiles paganos quienes habían sido idólatras y gentiles temerosos de Dios. (cf. Hech. 17:4).

> El lenguaje de separación ocurre con regularidad en la correspondencia a los tesalonicenses (1 Tes. 1:9; 4:5, 7, 12, 13; 5:5f.; 2 Tes. 1:7f.; 2:11f.; 3:6, 14f.) y sirve de una forma negativa para marcar la frontera entre aquellos que pertenecen a la comunidad cristiana y los que no, por lo tanto alentando una nueva identidad cristiana. Similarmente, el lenguaje de pertenencia es también prominente en la correspondencia a los tesalonicenses. (1 Tes. 1:4; 2:12; 5:5; 2 Tes. 1:11–12; 2:6 [*sic*], 13-15; 3:16).[26]

1:10

Estaban también esperando el regreso del Hijo de Dios "desde los cielos" (Gr. *ek ton ouranon*).[27] Esta era la evidencia de su esperanza

---

[24] Martin, p. 63.

[25] Para una buena explicación de la relación entre arrepentimiento y fe, vea Charles C. Ryrie, So Great Salvation, pp. 91–100.

[26] Wanamaker, p. 16.

[27] Este es el único lugar en 1 y 2 de tesalonicenses en que Pablo llama a Jesús el Hijo de Dios.

(v. 3). La resurrección de Jesús es una prueba indiscutible de Su deidad y el prerrequisito para Su retorno.

> A tal punto los tesalonicenses aceptaron la resurrección como una obra de Dios, que esto les daría confianza en cuanto a la perspectiva del regreso del Cristo en poder.[28]

> Los creyentes viven anticipando una coronación (2 Tim 4:8) en lugar de una condenación.[29]

Cuando Pablo habló de "la ira venidera" tuvo en mente el derramamiento general de la ira de Dios sobre los no creyentes en eterna perdición. ¿O se refería al caso específico del derramamiento de Su ira en un momento particular de la historia todavía en el futuro? Los comentaristas, indiferentemente de sus posiciones escatológicas, toman cualquier posición frente a esta pregunta.[30]

> Ira es la santa reacción de la persona de Dios enfrentando lo que es la contradicción de su santidad.[31]

---

[28] Wanamaker, p. 87.

[29] Martin, p. 66.

[30] Por ejemplo, William Hendriksen, New Testament Commentary: Exposition of I and II Thessalonians, p. 57un amilenialista, creía que Pablo estaba hablando en general. Sin embargo, Morris, pp. 40–41, y idem, The First and Second Epistles to the Thessalonians, p. 64, también un amilenialista, escribió que Pablo se refería a un evento específico, al juicio asociado con la segunda venida de Cristo. En la escena amilenial de los eventos este juicio marcará el final de la edad presente. Los premilenialistas también discrepan ente si en este punto. John F. Walvoord, The Thessalonian Epistles, p. 17, tomó las palabras de Pablo como una referencia general. Sin embargo, D. Edmond Hiebert, The Thessalonian Epistles, p. 71, también un premilenialista, creyó que Pablo tenía en mente la Tribulación, que para un pretribulacionista es el siguiente gran derramamiento de la ira de Dios en la historia.

[31] John Murray, The Epistle to the Romans, 1:35.

Si esta fuera la única referencia a "la ira venidera" en esta epístola, podríamos concluir que Pablo se refería probablemente al derramamiento de la ira de Dios sobre los no creyentes en general.[32] No hay una referencia específica a un juzgamiento en particular aquí. No obstante, después él gasta considerable espacio escribiendo acerca del derramamiento de la ira de Dios en la tribulación (4:13–18; 5:1–11). Por lo tanto me parece que esta es la primera referencia a ese derramamiento de la ira en la epístola (cf. 2:16; 5:9).[33]

> ... la opción de *erchomene* ["venidera"] en lugar de *mellousa* ["venidera"]... podría haber sido determinado por el hecho de que Pablo no se proponía expresar tanto la certeza... como la cercanía del juzgamiento. Cercanía involucra certeza pero certeza no necesariamente involucra cercanía.[34]

El derramamiento de la ira de Dios ocurre en algunos momentos de la historia. Uno de esos juzgamientos es la Gran Tribulación (Apoc. 7:14) que vendrá sobre toda la tierra en el futuro (Apoc. 3:10). Otro es el juicio del gran trono blanco al final del Milenio (Apoc. 20:11–15).

---

[32] Este fue el pundo de vista de David A. Hubbard, "La Primera Epístola a los Tesalonicenses," en The Wycliffe Bible Commentary, p. 1350. Él fue un pre-milenial post-tribulacionista.

[33] La revelación bíblica acerca de la relación de la iglesia e los santos con la ira de Dios fuertemente implica un pretribulacional rapto de la iglesia. Vea Renald E. Showers, Maranatha: Our Lord, Come! A Definitive Study of the Rapture of the Church, pp. 192–222; Gerald B. Stanton, Kept from the Hour, pp. 25–50.

[34] James E. Frame, A Critical and Exegetical Commentary on the Epistles of St. Paul to the Thessalonians, p. 89.

Usado técnicamente, como frecuentemente lo es en el NT, "ira" (*orges*) es un título para el período justamente antes del reino del Mesías sobre la tierra, cuando Dios aflija a los habitantes de la tierra con una serie incomparable de tormentos físicos debido al rechazo de Su voluntad [i.e., la Tribulación] (Mat. 3:7; 24:21; Lucas 21:23; Apoc 6:16, 17).[35]

La preposición griega *ek*, traducida "de", puede significar tanto "desde" o "fuera de." Otros pasajes enseñan que los creyentes no experimentarán nada de la ira de Dios. (e.g., Juan 3:36; 5:24; Rom. 5:1; 8:1, 34; et al.). Consecuentemente "fuera de" parece ser la idea que Pablo tenía aquí.[36]

¿Cómo mantendrá Dios a los creyentes "fuera de" Su ira cuando Él la derrama durante el período de la tribulación? Pre-tribulacionistas dicen que lo hará tomándonos al cielo antes de que la tribulación comience.[37] Med-tribulacionistas dicen que entraremos en la tribulación, pero que Dios nos tomará hacia el cielo antes del derramamiento de Su ira que ocurrirá solo durante la segunda mitad de la tribulación.[38] Post-tribulacionistas creen que atravesaremos toda la tribulación y que Dios nos protegerá del derramamiento de Su ira durante ese tiempo.[39]

---

[35] Thomas, p. 248.

[36] Vea Daniel B. Wallace, "A Textual Problem in 1 Thessalonians 1:10: 'Ek tes 'Orges vs 'Apo tes 'Orges," Bibliotheca Sacra 147:588 (October-December 1990):470–79.

[37] John F. Walvoord, The Rapture Question, p. 72. Cf. Rev. 3:10.

[38] Harold John Ockenga, "Will the Church Go Through the Tribulation? Yes," Christian Life (February 1955), pp. 22, 66.

[39] George E. Ladd, The Blessed Hope, p. 121–22; J. Barton Payne, The Imminent Appearing of Christ, p. 143; Arthur D. Katterjohn, The Tribulation People, p. 98; William R. Kimball, The Rapture: A Question of Timing, p. 70; Alexander Reese, The Approaching Advent of Christ, p. 226.

1 Tesalonicenses 1:10 no declara exactamente *cómo* Dios nos librará "fuera de" Su ira cuando Él la derrame en el período de la tribulación. Otros pasajes en 1 de Tesalonicenses, sin embargo, apuntan a una liberación pre-tribulacional (e.g., 4:13–18; 5:4–10).

La preservación de la ira de Dios es parte de la esperanza de los creyentes. Este capítulo, igual que todos los demás en esta epístola, cierra con una referencia al retorno de Jesús Cristo (cf. 2:19; 3:13; 4:13–18; 5:23).

> Esa actitud de expectación es el florecer, como lo fue, del carácter cristiano. Sin esto, ahí hay algo que falta; el cristiano que no mira hacia arriba y hacia el frente requiere una marca de perfección.[40]

> Esperarlo a Él tiene implicaciones éticas; aquellos que los esperan están circunscritos a vivir vidas santas para estar listos para encontrarse con Él (cf. 5:6–8, 23).[41]

> En 1 Tesalonicenses 1:10 los creyentes tesalonicenses son representados como esperando por el regreso de Cristo. La implicación clara aquí es que ellos tenían una esperanza de Su regreso inminente. Si ellos hubieran recibido la enseñanza de que la gran tribulación, en todo o en parte, debería ser ejecutada primero, es difícil ver cómo ellos podían ser descritos como expectantemente esperando el regreso de Cristo. Entonces más bien deberían ser descritos como fortaleciéndose a ellos mismos para

---

[40] James Denney, The Epistles to the Thessalonians, p. 59.
[41] Bruce, p. 19.

la gran tribulación y los dolorosos eventos conect-
ados con ella.[42]

B. Recordatorios para los tesalonicenses 2:1–16

1. Como fue entregado el evangelio 2:1–12

Pablo procedió a repasar los eventos de su ministerio entre sus
lectores resumiendo su motivación y acciones. Lo hizo para
fortalecer la confianza de ellos en él, en vista de las preguntas que
pudieron haberse levantado en sus mentes y por las acusaciones
que sus críticos podrían haber dirigido hacia él (cf. Gal. 1:11–2:21).

2:1–2

Pablo pide a sus lectores que recuerden que su predicación
había producido resultados positivos. Había llevado fruto en
sus vidas. Él había venido a ellos habiendo sido perseguido por
su predicación en Filipos, y había recibido el mismo trato en
Tesalónica. No obstante continuó predicando audazmente (Gr.
parresiazomai), a pesar de que su mensaje no era popular y podía
terminar en abuso público.[43] Esta no es la reacción de alguien que
busca reconocimiento personal o dinero. Tal persona se movería
rápidamente a una audiencia más provechosa.

---

[42] Hiebert, p. 205. Cf. Bruce, p. 18; Stanton, pp. 108–37; Wayne A. Brindle,
"Biblical Evidence for the Imminence of the Rapture," Bibliotheca Sacra
158:630 (April-June 2001):142–44. Inminente significa probable no significa certero, a suceder sin demora, amenazante. Otros pasajes que enseñan
de la inminencia del regreso de Cristo incluyen 1 Cor. 1:7; 4:5; 15:51–52;
16:22; Fil. 3:20; 4:5; 1 Tes. 4:15–17; 2 Tes. 2:1–2; Tito 2:13; Santiago
5:7–9; 1 Juan 2:28; Apoc. 3:11; 22:7, 12, 17, 20. Vea Earl D. Radmacher,
"The Imminent Return of the Lord," en Issues in Dispensationalism, pp.
247–67; Showers, pp. 127–53.

[43] Parresia, "atrevimiento," es el opuesto de kolakeia, "adulación (lisonja)" (v. 5).

2:3–4

Pablo afirmaba que su mensaje era verdadero, sus motives eran puros, y sus métodos eran sinceros. Se había comportado en Tesalónica como lo había hecho en cualquier otra parte, como un siervo fiel de Dios. No predicó buscando la aprobación de los hombres sino la de Dios que discierne las intenciones.

Pocas tentaciones asaltan al predicador más fuertemente que aquella de agradar a los hombres, aunque Dios no esté complacido, con la opaca esperanza de que Dios después perdonará o pasará por alto. Nada más que la experiencia convencerá a algunos predicadores de cuan variable es el agrado popular y cuan a menudo este es a costa del fracaso en agradar a Dios.[44]

2:5–6

Pablo aborrecía el uso de un discurso que le aseguraría una aceptación positiva sin tomar en cuenta lo que predicaba.

"Lisonja era una bien conocida y muy despreciada práctica en la antigüedad".[45]

Pablo también negó cualquier deseo de enriquecerse con su predicación. "Codicia" (Gr. *pleonexia*) es una búsqueda egoísta en todas sus formas. Los lectores de Pablo podían testificar a la verdad de la primera de estas convicciones. Sin embargo no podían hacer lo mismo con la segunda, Pablo afirmaba que Dios si podía. Filósofos itinerantes y oradores eran comunes en el imperio romano. Pablo tenía muy poco en común con ellos. Él había venido a Tesalónica a dar, no a recibir. Además él no pidió que los tesalonicenses accedan a su mensaje debido a su autoridad apostólica.

---

[44] Robertson, 4:17.
[45] Wanamaker, p. 97. Cf. Bruce, p. 29.

Habiendo explicado su ministerio en términos negativos (vv. 1–6), Pablo procede a describirlo en términos positivos (vv. 7–12).

2:7–9

En cambio él fue gentil y altruista, más como una madre que da de lactar que un apóstol.

> Un niño lactante puede enfermarse como una reacción a algo que la madre haya comido. El cristiano que está alimentando a otros debe tener cuidado de no alimentarse de las cosas equivocadas él mismo.[46]

No obstante, Pablo se dio a sí mismo, y no únicamente su mensaje a los tesalonicenses como fruto de su amor por ellos, y no por ganancia personal. La medida de su amor fue el trabajo y las dificultades que atravesó cuando constantemente trabajaba, probablemente haciendo tiendas y otros artículos de cuero, y así él no sería una carga para ellos.[47] Así es como él y sus compañeros habían anunciado el evangelio entre ellos (cf. Fil. 4:16; 2 Cor. 11:7–11).

> "Un mensajero que permanece aislado de su audiencia no ha sido todavía tocado por el mismo evangelio que proclama".[48]

2:10–12

Pablo convoca a sus lectores a presentarse como testigos, como Dios lo haría, de cómo él había cuidado de ellos. Lo había hecho como un padre que tiene la responsabilidad de preparar a sus hijos para los eventos que están delante de ellos. La figura de la madre

---

[46] Warren W. Wiersbe, Be Ready, p. 40.

[47] See R. F. Hock, The Social Context of Paul's Ministry: Tentmaking and Apostleship, p. 21, Para evidencia de que pablo era esencialmente un trabajador en cuero.

[48] Martin, p. 81. Cf. Mal. 2:6–8.

que da de lactar (v. 7) enfatiza el cariño, auto-sacrificio amoroso; y de padre (v. 11) preparación para la madurez.[49]

> En un sentido el reino de Dios está ya presente (Mat. 12:28; 13:1–52; Rom. 14:17; 1 Cor. 4:20; Col. 1:13), pero la consumación final del Reino Mesiánico con Su Gloria futura está a la vista aquí (cf. Hech. 17:7). Frecuentemente en la literatura a los tesalonicenses, aquellos a quienes Pablo se está dirigiendo son orientados hacia la gloria venidera como un incentivo para una vida piadosa presente.[50]

> Es de esperar que el ministro cristiano dé instrucciones prácticas a sus compañeros cristianos, pero no por la vía de la imposición. Ya que no puede regir por decretos si va a estar de acuerdo con el Espíritu de Cristo, él debe guiarlos mediante el ejemplo.[51]

2. Como fue recibido el evangelio 2:13–16

Pablo les recuerda a sus lectores cómo ellos habían dado la bienvenida al mensaje del evangelio para vindicar luego su ministerio y para enfatizar la importancia de la proclamación de este mensaje. Él hizo esto para que los tesalonicenses continuaran anunciándolo en el extranjero como ya lo habían estado haciendo.

Esta sección de la carta comienza con la segunda acción de gracias en una serie de tres (1:2–5; 2:13; 3:9–13) que dominan el matiz de los tres primeros capítulos.[52]

---

[49] El Antiguo Testamento usa tanto la figura paternal como la maternal para describir a Dios (cf. Ps. 103:13; Isa. 66:13).

[50] Thomas, p. 255.

[51] Bruce, p. 39.

[52] Martin, pp. 85–86. También vea la discusión de Wanamaker acerca de esta digresión, pp. 109–10.

2:13

Anteriormente Pablo había agradecido a Dios por la forma en que estos creyentes estaban mostrando frutos de justicia en sus propias vidas (1:3). Ahora agradece a Dios por la forma en que ellos respondieron cuando les había predicado el evangelio por primera vez. Ellos entendieron que esta era una revelación divina en lugar de una filosofía humana, y lo creyeron. Como consecuencia de que recibieron este mensaje divino, este ha hecho un poderoso trabajo de transformación en sus vidas según como el Espíritu Santo lo usaba.

2:14

Creyendo en el evangelio, los tesalonicenses se había sumado a muchos otros que, cuando creyeron en la verdad, se dieron cuenta que atraían enemigos.

> Persecución se levanta inevitablemente del afuera cuando un cristiano muestra una vida que sigue al Señor.[53]

2:15–16

Los oponentes de los tesalonicenses aparentemente habían sido judíos (v. 14). Pablo desesperadamente quería que los no creyentes judíos se acercaran a la fe en Cristo (Rom. 9:1–3; 10:1). Sin embargo ellos fueron algunos de sus más antagonistas perseguidores (cf. 2Cor. 11:24, 26). Sus acciones no fueron agradables a Dios ni mostraban interés en todos los hombres que necesitaban escuchar el evangelio. Por su oposición, los enemigos del evangelio agregaron más transgresiones sobre sus propias cabezas, que resultó en que aceleraron el juicio de Dios sobre ellos (cf. Gen. 15:16). Dios ya había enfocado Su ira sobre ellos por causa de su

---

[53] Thomas, p. 258.

tan serio pecado.[54] No solo habían rechazado el evangelio ellos mismos, sino que también habían desanimado a otros a aceptarlo. Era solo una cuestión de tiempo antes de que Dios derrame Su ira en juicio. En vista del énfasis escatológico de la carta, Pablo parece estar aludiendo primeramente al juzgamiento venidero sobre los no creyentes durante la tribulación.[55]

¿Por qué Pablo describió este derramamiento de la ira divina como en el pasado ("ha venido", tiempo aoristo *ephthasen*) si esto era futuro? Jesús habló de la llegada de Su reino en un a terminología comparable (Mat. 12:28; Lucas 11:20). El verbo connota "llegada al umbral del cumplimiento de esta experiencia accesible, *no* el entrar en esa experiencia."[56] El Reino Mesiánico estaba presente en los días de Jesús en que el Rey había llegado y pudo haberlo establecido entonces, pero los judíos no ingresaron en el porque lo rechazaron. Entonces la ira de Dios ha venido sobre los judíos a lo sumo en los días de Pablo por causa de ese rechazo al Mesías, sin embargo todavía no han visto esta manifestación, conocida como la tribulación.

> Esta acusación implica que Pablo vio una continuidad en el modelo del rechazo judío a los representantes de Dios y al mismo Dios desde el AT.[57]

---

[54] Este es el único lugar en sus escritos inspirados en que Pablo acusa "a los judíos" de la muerte de Cristo (cf. 1 Cor. 2:8). En cualquier otra parte del Nuevo Testamento el responsable fue el pecado de la humanidad. Por lo tanto, Pablo estaba identificando únicamente un segmento de la humanidad que fue responsable, no estaba acusando a los judíos de una manera en particular por la muerte de Cristo. El apóstol Juan frecuentemente usaba el término "los judíos" para describir a aquellos judíos quienes activamente se oponían al Señor y al Evangelio (cf. Juan 5:18; 7:1; 18:14, 31; cf. 11:45, 54).

[55] Ernest Best, A Commentary on the First and Second Epistles to the Thessalonians (1972 ed.), p. 119; Reginald H. Fuller, The Mission and Achievement of Jesus, p. 26; Thomas, pp. 259–60. Martin, p. 95, también tomó telos, "sumo," en un sentido temporal.

[56] Kenneth W. Clark, "Realized Eschatology," Journal of Biblical Literature 59 (1940):379.

[57] Wanamaker, p. 115.

La persecución a los tesalonicenses duró un tiempo largo, de igual manera su constancia. Como seis años después Pablo todavía puede hablar de las iglesias de Macedonia (no únicamente, la iglesia de Tesalónica) como soportando "una severa prueba de aflicción' y continuar dando evidencia de la realidad de su fe en que 'su abundancia de gozo y su extrema pobreza habían redundado en abundante generosidad" (2 Cor 8:1, 2). La "extrema pobreza" bien podía ser el resultado de la violencia y los saqueos de la turba; en algunos textos del NT, a miembros de otros grupos cristianos se les recuerda como, en los tempranos días de su fe "aceptaron gustosamente" el saqueo de sus propiedades además de otras formas de maltrato brutal (Heb. 10:32–34).[58]

C. Preocupación por los tesolanicenses 2:17–3:13

1. Deseos de verlos otra vez 2:17–3:5

En este pericopio Pablo expresa su deseo sincero de regresar a Tesalónica. Lo hizo para ayudar así a sus lectores a apreciar cuánto significaban para él y apara animarles a rechazar cualquier insinuación de que su interés en ellos era egoísta.

El plan de Pablo 2:17–20

Primera de Tesalonicenses ha sido llamada "un clásico de la amistad", y aquí está un pasaje en el que el profundo afecto de Pablo para sus amigos se manifiesta a través de sus palabras.[59]

---

[58] Bruce, pp. 50–51.
[59] Barclay, p. 224.

2:17–8

Pablo y sus compañeros tuvieron que dejar Tesalónica pre-
maturamente, y para Pablo esta separación era particularmente
entristecedora. Lo comparó con estar desconsolado (lit. huérfano).
Se sintió arrancado de sus propios hijos. Sin embargo, aunque
ausente en cuerpo, sus lectores estaban muy presentes en sus
afectos. Más aún, Pablo ansiosamente anticipaba la oportunidad de
regresas a Tesalónica para verlos una vez más. Él había intentado
tal visita más de una vez, pero Satanás, el adversario era quien
había intervenido y había hecho imposible el ministerio de los
apóstoles en persona por aquel momento, lo había impedido.

> . . . Pablo. . . encontró su ilimitada capacidad para
> el afecto paternal ampliamente empleada en su rel-
> ación con sus convertidos. [60]

En Hech. 16:6–7 Lucas escribió que el Espíritu Santo
Prohibió a Pablo predicar en Asia y en Bitinia. Aquí Pablo dijo
que Satanás estorbaba a sus esfuerzos para regresar a Tesalónica.
¿Cómo podemos decir si Satanás se nos está oponiendo o si el
Espíritu nos está dirigiendo? Me parece que los escritores del
Nuevo Testamento miraron el control soberano de Dios sobre
todas las cosas en diferentes niveles y en diferentes momentos.
Algunas veces, como en Hechos, hablan de Aquel que está
definitivamente a cargo y enfocado en Su dirección. En otras
veces, como aquí, hablan de los instrumentos que Dios usa. Dios
permitió a Satanás oponerse al regreso de Pablo a Tesalónica, Pero
todo esto fue parte de la voluntad soberana de Dios. En Hechos
el énfasis está sobre Aquel que es responsable por la expansión
de la iglesia, pero aquí el énfasis está sobre el instrumento que

---

[60] Bruce, p. 54.

Dios usó en esta situación. Satanás puede oponerse a nosotros solo en la medida en que Dios se lo permite (Job 1–2).[61]

2:19–20

Las palabras de Pablo para sus convertidos aquí son particularmente afectivas. Su amor para los Tesalonicenses fue inusualmente fuerte. El desarrollo de aquellos fue lo que él esperaba, su glorificación fue en lo que él se regocijó, y su victoria final sería una corona de gloria para él. Esto significa que la recompensa para el ministerio de Pablo a los tesalonicenses sería como una corona para él y que lo enorgullecería justificadamente cuando el Señor regrese. Pablo estaba hablando como un padre nuevamente (cf. v. 11). Mirando al final de su ministerio, Pablo dijo que él se enorgullecería grandemente de estos creyentes.

Las coronas de los creyentes		
Título	Razón	Referencia
Una corona incorruptible	Por una vida disciplinada	1 Cor. 9:25
Una corona de gozo	Por evangelismo y discipulado	1 Tes. 2:19
Una corona de justicia	Por esperar su venida con amor	2 Tim. 4:8
Una corona de vida	Por resistir las pruebas	Santiago 1:12; Apoc. 2:10
Una corona de gloria	Por pastorear el rebaño de Dios fielmente	1 Ped. 5:4

---

[61] Vea trambién ibid., p. 58.

La gloria de cualquier profesor está en sus eruditos y estudiantes; y si llegara el día cuando ellos lo ha sobrepasado la gloria es aún mayor. La gloria más grande de un hombre está en aquellos en quienes se fijó o ayudó en el camino a Cristo.[62]

El evento futuro que está mirando Pablo se identifica con la comparecencia de cada uno de los cristianos ante el *bema* ("tribunal") de Cristo (2 Cor. 5:10), en donde el trabajo de todos los cristianos será evaluado. Debido a los logros espirituales evidentes de sus convertidos, Pablo siente que ésta será una ocasión de alegría y victoria.[63]

Parousia ["venida"] viene de dos palabras: "estar" y "presente". Esto podría apuntar al momento de la llegada para iniciar una visita o podría enfocarse en la permanencia iniciada ya por la llegada. En el NT esta palabra se aplica al regreso de Cristo Jesús. Las diferentes facetas de esta futura visita están definidas por el contexto en que *parousia* aparece. En esta instancia, el comparecimiento de los siervos de Cristo es subsiguiente a Su venida por ellos (4:15–17) eso es lo que está en vista.[64]

. . . Los que en otros tiempos eran los tesalonicenses paganos probablemente entendieron la parousia de Cristo en los términos de los gobernantes im-

---

[62] Barclay, p. 225.
[63] Thomas, p. 262. Cf. Earl Radmacher, "Believers and the Bema," Grace Evangelical Society News 10:3 (May-June 1995):1, 4; Joe L. Wall, Going for the Gold, pp. 129, 152–63.
[64] Thomas, p. 262.

periales romanos. Estos gobernantes con cada vez más frecuencia se consideraban manifestaciones de deidades quienes requerían ceremonias elaboradas y honores cuando visitaban las diferentes ciudades del imperio.[65]

Notemos que Pablo estaba completamente convencido que su ministerio terminaría con el regreso de Cristo y no con su propia muerte (v. 19). Esta es una de las tantas evidencias de que Pablo y los otros cristianos de la antigüedad creían en el inminente regreso de Cristo. Nada debía ocurrir antes de su regreso. Esta perspectiva sugiere sin lugar a dudas que Pablo creía en el rapto pre-tribulacional de la iglesia.

¿Cómo podría el regreso de Cristo para el rapto ser inminente en vista de la declaración del Señor de que Pedro envejecería (Juan 21:18) y Su promesa a Pablo de que iría a Roma (Hech. 23:11)? En cuanto a la promesa de Dios para Pedro, "cuando seas viejo" (Juan 21:18) es una descripción muy general de lo que le esperaba a Pedro. Pedro pudo haber sido apresado y confinado, y pudo haber muerto en cualquier momento después de la ascensión de Cristo y no podría decir que había envejecido. En cuanto a la promesa que recibió Pablo, la condición que se asume para su cumplimiento entonces sería si es que el Señor no viene antes. Podría ser esta la verdad en cuanto lo que Cristo profetizó concerniente a la muerte de Pedro también. Decimos que algo va a suceder, pero queremos decir, a menos que el Señor venga antes.

La visita de Timoteo 3:1–5

3:1–2

Pablo regresó al reporte de sus planes (2:17–18). Explicaba que para el tiempo en que él, Silas, y Timoteo habían llegado a

---

[65] Wanamaker, p. 125.

Atenas ellos sintieron que no podían estar alejados de sus jóvenes convertidos de Tesalonica ni un momento más. Decidieron que Timoteo debía regresar. Evidentemente Silas fue de regreso a Filipos y Berea (Hec. 18:5). Pablo pudo haber descrito a Timoteo de la forma en que lo hizo aquí, para darle a este joven hermano una mayor estatura ante los ojos de los tesalonicenses. La misión de Timoteo fue la de fortalecer y animar a los nuevos cristianos en su fe, de modo que la persecución que estaban experimentando no los desanimara excesivamente.

Pablo pudo haber decidido enviar a Timoteo en lugar de regresar personalmente, por un buen número de razones. Timoteo era el miembro más Nuevo del equipo misionero, y Pablo y Silvano eran los miembros más antiguos. Timoteo tenía padre griego y probablemente se veía griego. Por consiguiente, él no habría atraído un interés especial en una ciudad griega, considerando que Pablo era inmediatamente reconocible como un judío (cf. Hec. 16:20).[66]

3:3–5

Con frecuencia los creyentes nuevos, y los creyentes antiguos interpretan las dificultades como una señal de que necesitan cambiar en algo. Timoteo les recuerda que la persecución es una experiencia normal para los cristianos (cf. Mat. 5:11–12; 10:16–28; 20:22–23; 24:9–10; et al.), exactamente de la forma en que Pablo les había instruido previamente. Si los tesalonicenses hubieran caído ante esta tentación, habrían corrido el peligro de convertirse en tierra rocosa en la que la semilla del evangelio no enraíce firmemente. Así el ministerio expendido en ellos habría sido en vano en el sentido de que no habría producido crecimiento sustancial y frutos.

---

[66] Bruce, p. 64.

2. El gozo de escuchar acerca de ellos 3:6–13

Pablo se regocijó cuando escucho que los tesalonicenses estaban resistiendo las persecuciones. Compartió su reacción a estas noticias para animarlos a perseverar mientras sus aflicciones continúen.

El reporte de Timoteo 3:6–10

3:6–7

Evidentemente Timoteo se reunió con Pablo en Corinto (v. 16; cf. Hec. 18:1). Trajo buenas noticias acerca de que los tesalonicenses estaban sosteniéndose bien contra los vientos de persecución.[67] Continuaban confiando en Dios y amándose unos a otros, como también recordando a Pablo tiernamente y deseando verlo de nuevo (cf. Phile. 5). Estas noticias confortaron a Paul que sentía el dolor debido a su preocupación por todas las iglesias y debido a otras aflicciones externas.

3:8–10

Las cosas no podían haber sido mejores para Pablo, sin embargo, pues sus lectores permanecían en sus lugares. Dios les permitía permanecer firmes, y Pablo daba gracias por esto.[68] Los apóstoles y sus compañeros permanecían en oración denodadamente por el día y por la noche para que Dios les diera la oportunidad de regresar a Tesalónica. Deseaban regresar y así poder ministrar en las continuas necesidades de sus hijos espirituales. Aquellos cristianos estaban haciendo las cosas bien, pero necesitaban crecer más. Eran bebés cristianos solamente a este tiempo. Les hacía falta madurez.

---

[67] Este es el único lugar en el Nuevo Testamento en que la palabra euangelion (evangelio, buenas nuevas) es usado para otras buenas nuevas que no sean la obra salvadora de Cristo. Morris, The Epistles . . ., p. 65.

[68] La palabra griega steko, "permanecer firme," es con frecuencia un recurso para describir una perseverancia continua (cf. 1 Cor. 16:13; Gal. 5:1; Phil. 4:1).

Cristianos contemporáneos pueden aprender de la práctica misionera de Pablo reconociendo que una evangelización significativa debe apuntar aun más allá de la aceptación de creencias cristianas por los convertidos. La Cristiandad evangélica necesita esforzarse por crear un contexto social o comunidad en que los convertidos pueden ser resocializados en un nuevo y distinto modelo cristiano de conducta y práctica."[69]

La oración de Páblo 3:11-13

Esta oración ilustra la genuina preocupación de Pablo por los tesalonicenses, y esto concuerda con el material narrado en los capítulos 1–3 y el material del paréntesis de los capítulos 4–5.[70]

3:11

Pablo resume el contenido de su oración en la forma de un deseo al concluir con esta sección de la epístola (1:2–3:13). Pedía a Dios su Padre y a Jesús su Señor despejar el camino de modo que él y sus compañeros misioneros pudieran regresar a Tesalónica. Se dirigió a los dos miembros de la deidad en su oración. Los reconoció a los dos como Dios como está claro en su uso del verbo en singular ("dirija") con un asunto en plural. "El mismo" enfatiza la dependencia de Pablo en Dios para concederle su petición.

> Con frecuencia nos preguntamos el por qué la vida Cristiana es tan difícil de vivir, especialmente en la ordinaria relación de cada día de esta vida. La respuesta muy bien podría ser que estamos tratando de vivirla por nosotros mismos. El hombre que sale en la mañana sin orar está, en efecto, diciendo, 'yo pue-

---

[69] Wanamaker, p. 139.

[70] Martin, pp. 110–11. Parenesis consiste en una exhortación a continuar, basándose en lecciones previas aprendidas y en previos compromisos hecho.

do con facilidad abordar este día por mi mismo.'. . .
John Buchan una vez describió a un ateo como "un
hombre que no tiene ningún medio invisible de
apoyo".[71]

3:12–13

También oró para que el Señor, no el hombre, provocara el crecimiento del amor de Dios y que sobreabunde aun más entre ellos
y hacia todas las personas. El amor de Pablo hacia ellos lo hizo así.
Él oró por esto de modo que Dios los fortalezca espiritualmente
para estar libres de cualquier acusación razonable para cualquier
momento en que Cristo pueda regresar.[72] Nuevamente, Pablo
anticipa el Tribunal de Cristo (cf. 2:19; 5:23).

Como se mencionó antes (cf. 2:19), "venida" (Gr. *parousia*) es
un término que Pablo usaba para describir la visita prolongada de
una persona (cf. 1 Cor. 16:17; 2 Cor. 10:10; Fil. 2:12) como también
su llegada para aquella visita. Consecuentemente, esto podría
referirse al rapto, la actual venida de Cristo por los Cristianos, o
a lo que le va a seguir a esa venida. El contexto determina si la
"venida" o lo que le sigue es lo que está a la vista.[73] La preocupación
de Pablo aquí es de que los tesalonicenses estén listos para dar un
buen informe de ellos mismos al Señor, no solamente que ellos
estén listos para su llegada.

Los santos quienes se juntarán con los tesalonicenses antes
del Tribunal de Cristo incluye a todos los otros cristianos (cf. 2
Cor. 5:10; 2 Tes. 1:10) y quizás los ángeles.

---

[71] Barclay, p. 229.

[72] "Corazones" se refiere a lo que nosotros podríamos identificar como "per-
sonalidades" ahora. La palabra griega, kardia, "se refiere al pensamiento,
la voluntad, y a todas las dimensiones de los sentimientos de la existencia
humana" (Wanamaker, p. 144). Cf. 2:4.

[73] See Thomas, pp. 268–69.

III. Instrucciones prácticas y exhortaciones 4:1–5:24

A. Vida cristiana 4:1–12

Pablo usó la oportunidad de esta epístola para darse el lujo de hacer llegar a sus lectores instrucciones básicas concernientes a la vida cristiana. Lo hizo para promover su madurez en Cristo y para guardarlos del error (cf. 3:10).

1. Crecimiento continuo 4:1–2

En esta última sección mayor de la epístola, iniciada con "Finalmente", Pablo incita a sus lectores a continuar caminando (comportándose día a día) de la forma en que los misioneros les habían instruidos (cf. Gal. 5:25). Ellos necesitaban superarse aún más." La más grande motivación es "agradar a Dios" mediante una vida de obediencia a sus mandamientos. "Ellos expresan Su voluntad y trazan un curso seguro para el cristiano mediante el guiarlo seguramente hacia la meta de la madurez espiritual. Caminar y agradar a Dios "significa" caminar como para agradar a Dios (cf. 2:4, 15).

2. Pureza sexual 4:3–8

Esta sección se abre y se cierra con referencias explicitas a la voluntad de Dios.

4:3–5

La voluntad de Dios para los cristianos es clara. Positivamente esta es la santificación, es decir, una vida apartada del pecado y ante Dios. Negativamente esta envuelve abstinencia (auto-negación) de toda clase de comportamiento sexual que está fuera de la prescrita voluntad de Dios incluyendo adulterio, sexo premat-rimonial, homosexualidad, etc. En lugar de participar en esos actos el creyente debe aprender cómo controlar su cuerpo y sus pasiones en santificación y con honor. No debemos comportarnos perdidamente como los gentiles quienes no tienen la revelación especial de Dios y de Su voluntad. Los griegos practicaban la inmoralidad sexual comúnmente y hasta la incorporaron dentro de sus prácticas religiosas.

> Las religiones paganas no demandaban pureza sexual de sus devotos, sus dioses y diosas eran gros-eramente inmorales. Las sacerdotisas estaban en los templos para el servicio de los hombres que venían.[74]

> Hace mucho tiempo Demóstenes había escrito: "Mantenemos a las prostitutas por placer; mantene-mos las siervas para las necesidades del día a día del cuerpo; mantenemos esposas para la crianza de los niños y por la fiel guardianía de nuestras casas." En tanto un hombre sostenga a su esposa y a su familia no hay vergüenza en absoluto en las relaciones extra-matrimoniales.[75]

> La castidad no es el todo en la santificación, pero es un elemento muy importante de ella. . .[76]

Otra posible interpretación de "posea su propio vaso" (v. 4) ve al vaso como la esposa del destinatario.[77] Este punto de vista

---

[74] Robertson, 4:28.

[75] Barclay, p. 231.

[76] Bruce, p. 82.

[77] Thomas, p. 271; footnote in NIV.

toma *ktasthai* ("posea") como "adquiera" su significado normal, y *skeuos* ("vaso") como "esposa".[78] Vagamente interpretado Pablo entonces está diciendo que los hombres deben vivir con sus esposas de manera que no afecten sus relaciones matrimoniales (cf. 1 Ped. 3:7). Sin embargo, Pablo usó *skeuos* del cuerpo de uno mismo en otras partes (Rom. 9:22–23; 2 Cor. 4:7; cf. 1 Sam. 21:5), y *ktasthai* puede referirse al trato de él mismo o de ella misma con también de su propia esposa.

4:6

La inmoralidad sexual está mal no solamente porque transgrede la voluntad de Dios, sino porque lastima al compañero en sexo. Esto trae el juicio de Dios sobre las dos personas, no solo sobre la una, y esto priva al compañero de las bendiciones de Dios. Pablo probablemente tenía el futuro juicio del Señor sobre los creyentes en su mira en lugar de su disciplina presente (cf. 2:19; 3:13; 1 Cor. 3:10–17).

4:7

El principio general que los tesalonicenses debían tener en mente era que el propósito de Dios para todos los cristianos no era la impureza sino la pureza. Esto es una vida apartada del pecado y en santidad (cf. Ef. 2:10).

4:8

Rechazar estas exhortaciones resulta en rechazar a Dios, y no solamente al apóstol Pablo. Para que nadie piense que este estándar es imposiblemente alto, Pablo les recuerda a sus lectores que Dios

---

[78] Según Martin, p. 125, el uso de skeuos, "vaso," para describir el cuerpo de uno mismo es más común en los escritos griegos, y su uso para describir a una mujer o esposa es más común en los escritos judíos. En otras partes Pablo nunca usó skeuos para describir una esposa sino gune, "mujer."

ha dado Su Espíritu Santo a todos los creyentes para capacitarnos para hacer la voluntad de Dios (cf. Gal. 5:22–23).

> Mientras tanto Pablo trata con la inmoralidad sexual en otras cartas, la más notable es 1 Cor. 6:12–20, en ninguna otra parte él emplea este tipo de lenguaje coercitivo para dar fuerza a una apropiada conducta cristiana. El serio y hasta amenazante tono de los vv. 6-8 sugieren firmemente que Pablo estaba tratando con un problema que de hecho había aparecido en la comunidad de Tesalónica y que él lo veía con considerable preocupación.[79]

3. Amor fraternal 4:9–12

4:9

Considerando que las previas exhortaciones a evitar la inmoralidad sexual es una prohibición negativa, Este es un estímulo positivo. Los tesalonicenses necesitaban instrucciones de Pablo con respecto a su comportamiento sexual. Sin embargo, el propio Dios les había enseñado por Su Espíritu a amarse entre sí. (cf. Gal. 5:22).

4:10

Las palabras de Pablo fueron solamente estímulos a mantener el comportamiento amoroso que habían aprendido y habían manifestado ya.[80] Sus lectores demostraron el amor fraternal extendiendo la mano a otros cristianos necesitados que vivían

---

[79] Wanamaker, pp. 158–59.

[80] El texto griego tiene un mandato, "nosotros instamos", un objeto, "usted", seguido por cuatro infinitivos, (vv. 10b, 11), y una última cláusula que da el resultado intencional (v. 12).

en su provincia. Ellos respondieron a esta expectativa y todavía extendieron la mano más lejos. Esto es claro en 2 Corintios 8:1–5.

> La cristiandad resurgía en una tierra y cultura en la que los lazos del clan eran fuertes y la sociedad era más corporativa que individualista. No era así la cultura greco-romana; de ahí, el énfasis constante de Pablo sobre el amor.[81]

4:11

Tres aspectos del comportamiento demuestran amor por otros. Primero, una persona que lleva un ritmo sosegado en lugar de una vida frenética evita perturbar las vidas de otros. Él o ella también disfrutan la vida más para sí mismos. Segundo, uno que atiende sus propios asuntos no se entromete en los asuntos de otros. Tercero, la persona que trabaja para proveer para sus propias necesidades y las necesidades de la familia de él o de ella no ponen una carga en otros para apoyarlo a él o a ella. La cultura griega degradaba las labores manuales, pero la cristiandad juntamente con el judaísmo la veían como un empleo honorable.[82]

> . . . no era la intención de Pablo que la iglesia divida la sociedad o derroque gobiernos. Más bien, animaba a los cristianos a ser buenos ciudadanos y miembros ejemplares de sus familias y de sus sociedades, pero a hacerlo de una manera consistente con las enseñanzas de Cristo. Solamente en este sentido estaba el evangelio paulino orientado a cambiar la sociedad. Partiendo de cambiar los individuos quienes componen la sociedad, mientras se espera por ese evento

---

[81] Hubbard, p. 1354.
[82] Thomas, p. 274.

culminante en el que el poder de Dios cambie ver-
daderamente al mundo para siempre.[83]

4:12

Tal comportamiento no solamente resulta en una cristiana
satisfacción de sus propias necesidades, pero también resulta en
la aprobación y admiración de los no-creyentees quienes están
observando.

B. El rapto (arrebatamiento) 4:13–18

Pablo luego gira a otro asunto en el que sus lectores necesitaban
instrucción en vista de que eran nuevos en Cristo (cf. 3:10). Él
bosquejó la esperanza inmediata de sus lectores. Hizo esto para
explicar que aquellos de sus miembros que habían muerto en
Cristo, compartirían en Su gloria con aquellos quienes estaban
viviendo cuando Él regrese. Este periscopio tiene que ver con la
relación de sus hermanos muertos al regreso de Cristo.

> Parecería que alguno, por lo menos, de los tesaloni-
> censes lo habían entendido decir que todos los que
> creyeron verían la Parousia; pero hasta el momen-
> to algunos de los creyentes habían muerto y ellos se
> empezaban a preguntar acerca de ellos.[84]

El momento del rapto ha sido motivo de desacuerdo entre
los intérpretes conservadores. Algunos creen que tendrá lugar antes
de la tribulación (pre-tribulacionistas). Otros creen que tendrá lugar
después de la tribulación (post-tribulacionistas). Otros concluyen
que tendrá lugar durante la tribulación (mid-tribulacionistas). Y aún
otros sostienen que el Señor tomará solamente algunos cristianos,

---

[83] Martin, p. 138.
[84] Morris, The Epistles . . ., p. 83.

no a todo (un rapto parcial). ¿Qué es lo que 1 Tesalonicenses 4:13-18 revela acerca del tiempo del rapto? ¿Cómo los abogados de estas distintas escuelas de interpretación citadas interpretan estos versos? Porque 1 Tesalonicenses 4 y 5 son "probablemente los pasajes más importantes que tratan con el tema del rapto."[85] Quiero examinarlos cuidadosamente.

Creo que es justo decir que la mayoría de los pre-tribulacionistas basan su convicción de que el rapto ocurrirá antes de la tribulación en 1 Tesalonicenses 4 que en ningún otro pasaje de las escrituras. Este pasaje también contiene más detalles acerca del rapto que cualquier otro. Esto tiene una significancia mayor. Todos los intérpretes conservadores están de acuerdo en que el traslado de los creyentes que estén vivos y la resurrección de los cristianos que hayan muerto tendrán lugar en el mismo momento. En este asunto hay acuerdo sin tomar en cuenta el momento en que el rapto ocurrirá con relación a la tribulación.

4:13

Pablo escribió que estar desinformados acerca del futuro como cristianos no es bueno, aunque algunos en nuestros días dicen que la escatología no es importante. Aquellos "que duermen" son los muertos en Cristo (cf. Marcos 5:39; Juan 11:11).[86] Los de la antigüedad usaban comúnmente "dormir" como un eufemismo para la "muerte" (e.g., 1 Reyes 2:10).[87] Saber el futuro de los creyentes quienes han muerto da esperanza en medio de las pruebas. Pablo no niega que la muerte de un creyente trae tristeza para sus seres

---

[85] John F. Walvoord, The Blessed Hope and the Tribulation, p. 94. Otros pasajes claves en el Nuevo Testamento que tratan del rapto son Juan 14:1–3 y 1 Corintios 15:51–53.

[86] "Cemeterio" (koimeterion) viene de la palabra usada aquí (koimao) y significa "un lugar para dormir."

[87] Bruce, p. 95; Martin, p. 143; Wanamaker, p. 167.

queridos (cf. Juan 11:35). No obstante él insiste en que no deben afligirse de la manera en que se afligen los que no tienen esperanza.

> Esquilo escribió, una vez que el hombre muere no hay resurrección. "Teócrito escribió, Hay esperanza para aquellos que están vivos, pero aquellos que han muerto están sin esperanza." Catullus escribió, "Una vez que nuestra breve luz se apaga, hay una noche perpetua a través de la cual debemos dormir".[88]

> El ascendido Señor le robó a la muerte su aguijón y horror a favor del creyente y lo ha transformado en un sueño para aquellos en Cristo.[89]

Pre-tribulacionistas y post-tribulacionistas están de acuerdo en que los tesalonicenses estaban afligidos por dos razones. Se afligían porque sus seres amados habían muerto y porque ellos pensaban que la resurrección de los muertos en Cristo tomaría lugar después del rapto. Los pre-tribulacionistas creían que los tesalonicenses erróneamente pensaron que esta resurrección sería después de la tribulación. Algunos post-tribulacionistas creen que los tesalonicenses incorrectamente pensaban que la resurrección tomaría lugar al final del milenio.[90] Esas dos conclusiones descansan en la interpretación de otros pasajes que indican el tiempo del rapto. No era la resurrección como tal lo que perturbaba a los tesalonicenses sino el hecho de que ellos no podrían ver por un largo tiempo a los hermanos que habían partido, esto sí lo hizo. Específicamente era el hecho que de que sus compañeros cristianos muertos no podrían participar en el Rapto con ellos,

---

[88] Barclay, p. 235.

[89] Hiebert, p. 188. Cf. Phil. 1:23.

[90] E.g., Robert Gundry, The Church and the Tribulation, p. 101.

eso los perturbó. Aparentemente pensaban que se debe estar vivo para participar en el rapto.[91]

4:14

Podríamos traducir "Si" "entonces". Esta palabra introduce una condición de primera clase en el texto griego, que en este caso es una verdad condicional a la realidad. La muerte y resurrección de Cristo están entre los mejor autenticados hechos de la historia.[92] Además las Escrituras predijeron estos eventos antes de que ellos ocurrieran. Por consiguiente podemos estar igualmente seguros que los eventos del rapto que Pablo predijo aquí, también ocurrirán. Pablo dijo a sus lectores que Dios traería los espíritus de los cristianos quienes antes habían muerto con Jesús cuando Él regrese por los santos que permanecen con vida sobre la tierra. Notemos que esto es sólo a aquellos que han muerto "en Jesús" (santos "en Cristo", i.e., Cristianos como en contraste con todos los salvos de todas las edades) quienes acompañarán a nuestro Señor.[93]

Pre-tribulacionistas identifican este regreso de Cristo con el rapto que, nosotros decimos, ocurrirá antes de la tribulación. Post-tribulacionistas afirman que este regreso de Cristo (el rapto) ocurrirá al final de la tribulación justo antes de Su segunda venida de Cristo.

---

[91] Wanamaker, pp. 169, 172. Vea también Joseph Plevnik, "The Taking Up of the Faithful and the Resurrection of the Dead in 1 Thessalonians 4:13–18," Catholic Biblical Quarterly 46 (1984):281.

[92] Un muy buen libro que demuestra que Jesucristo se levantó de la muerte corporalmente es Frank Morison's Who Moved the Stone?

[93] Los términos "en Cristo" y "en Jesús" cuando son usados por creyentes consistentemente describen a creyentes quienes son miembros del cuerpo de Cristo, la iglesia.

4:15

Pablo enfatizó la verdad de su enseñanza aún más (cf. v. 14a) explicando que esta era una revelación del Señor, no solo su opinión. Pablo esperaba estar en compañía de los vivos cuando Cristo regrese. Él creía en un inminente rapto, uno que precede a la tribulación. La "venida" (Gr. *parousia*, lit. "aparecimiento") de Cristo es Su aparecimiento en las nubes (cf. Hech. 1:11). No es esta Su segunda venida después de la tribulación, la venida en el tiempo en que Él permanecerá sobre la tierra, establezca Su reino terrenal, y reine por 1,000 años (cf. Apoc. 19:11–21). La diferencia en la descripción de esas venidas las presenta como eventos separados (cf. Mat. 24:30–31 y 1 Tes. 4:15–17).

Algunos post-tribulacionistas han aseverado que la "palabra del Señor" referida en este versículo es lo que Jesús enseñó en el Discurso en el monte de los Olivos (Mat. 24:30–31; Lucas 17:34–35). Esa fue Su revelación concerniente a Su segunda venida que ellos creyeron seguirá al rapto inmediatamente.[94] Los pre-tribulacionistas, por otro lado, creen que "la palabra del Señor" no es una referencia a lo que Jesús enseñó en el Discurso en el monte de los Olivos. La mayoría de los pre-tribulacionistas no ven una referencia al rapto en el Discurso de los Olivos. Nosotros entendemos "La palabra del Señor" como refiriéndose a la revelación que Jesús le dio a Pablo y que los evangelios no registran, como lo hicieron Ladd[95] y Gundry,[96] los dos son post-tribulacionistas. Para abreviar, no podemos relacionar "la palabra del Señor" con certeza con la enseñanza de Jesús que involucra Su segunda venida registrada en los Evangelios.

---

[94] J. Barton Payne, The Imminent Appearing of Christ, p. 68; Alexander Reese, The Approaching Advent of Christ, p. 140, cf. pp. 267–68.

[95] Ladd, pp. 72–73.

[96] Gundry, p. 102.

Esto nos conduce a otra pregunta. ¿Existen algunos eventos profetizados que deberían suceder antes de que el rapto ocurra? Los post-tribulacionistas dicen que sí hay, a saber, los eventos de la tribulación y preparación para la segunda venida de Cristo (Mat. 24; Apoc. 4–18). Los pre-tribulacionistas dicen que no hay eventos que Dios haya predicho que deberían suceder antes del traslado de los santos en los pasajes que hablan de este traslado (i.e., el rapto).

El hecho es que los vivos no tienen ventaja sobre los muertos cuando Cristo regrese, como para sentir excesivo pesar por los cristianos muertos, más allá de la tristeza relacionada con su muerte injustificada.

4:16

Un anuncio supe natural precederá al regreso del Señor Jesús por los suyos. Las personas oirán un grito, una voz angélica, y el sonido fuerte de una trompeta. Probablemente los creyentes los oirán sino más bien todas las personas que vivan sobre la tierra. Estas podrían ser tres descripciones de un evento o tres eventos separados. Aparentemente estos tres eventos tendrán lugar literalmente (cf. Hec. 1:9; 1 Cor. 15:52). En cualquier caso, Dios anunciará el regreso de Cristo desde el cielo. Notemos que solamente los muertos "en Cristo" experimentarán resurrección. Esto es que, Dios reunirá aquellos resucitados, y glorificados cuerpos con sus espíritus (1 Cor. 15:35–58).

Algunos post-tribulacionistas identifican este sonido de trompeta con aquel que anunciará la segunda venida de Cristo (Mat. 24:31) o con aquel sonido de trompeta que anunciará el juicio sobre el mundo en la tribulación (Apoc. 8:2, 7, 8, 10, 12; 9:1, 13; 11:15). Los pre-tribulacionistas creen que debería ser un diferente sonido de trompeta ya que el rapto precederá a la tribulación.[97] La interpretación de este evento descansará en dónde el o ella cree que el rapto tendrá lugar con relación a la tribulación.[98]

4:17

Entonces Dios tomará a los santos vivos de sobre la tierra en el aire y nos unirá con Cristo para siempre. La palabra "llevados" en la Vulgata Latina es traducida como *rapturo* de donde el término "Rapto" viene.[99] Los santos vivos experimentarán el traslado (sus cuerpos se volverán inmortales), y los santos que han muerto experimentarán resurrección con cuerpos inmortales. Estos dos tipos de cristianos se reunirán (Gr. *apantesis*, cf. Mat. 25:6; Hech. 28:15) en el aire con Cristo, con quien permaneceremos y nunca nos separaremos de Él.[100] Los creyentes del Antiguo Testamento evidentemente experimentarán la resurrección en el final de la tribulación (Dan. 12:1–13; Isa. 26:13–19).[101] Probablemente Pablo se incluyó a sí mismo en el grupo de los vivos porque él pensaba que el regreso del Señor es inminente. Él marcó un ejemplo de expectación para la iglesia de todas las edades.[102]

¿Por qué Dios tomará a los cristianos en las nubes para encontrarse con el Señor en el aire? Pre-tribulacionistas contestan que iremos con Cristo al cielo en donde moraremos con Él en

---

[97] See Showers, pp. 259–67.

[98] Un sumario de mis razones para creer en que un rapto pre-tribulacional seguirá al final de esta sección (4:13–18).

[99] En griego esto es harpazo (cf. Acts 8:39; 2 Cor. 12:2–4).

[100] En vista de que estaremos siempre con el Señor desde entonces, regresaremos a la tierra con Él en Su segunda venida, participaremos en Su reinado terrenal milenial juntamente con Él, y finalmente moraremos con Él en los nuevos cielo y tierra.

[101] Vea John F. Walvoord, "The Resurrection of Israel," Bibliotheca Sacra 124:493 (January-March 1967):3–15.

[102] J. B. Lightfoot, Notes on the Epistles of Paul, p. 67.

el lugar que Él ha preparado para nosotros allá (Juan 14:1–3). Recibiremos nuestras recompensas en el tribunal de Cristo (2 Cor. 5:10) y esperamos nuestro regreso con Él en Su segunda venida (Apoc. 19:14). Así que nosotros estaremos estos siete años de tribulación con el Señor en el cielo, no en la tierra. Post-tribulacionistas responden que en verdad Cristo nunca regresará a la tierra en este punto de vista. Él tiene que cambiar la dirección y regresar al cielo inmediatamente. Esto no se ve natural para ellos. Pre-tribulacionistas dicen que no es insólito en vista de lo que dijo Jesús acerca de Su venida para tomar a Su novia, la iglesia, a la casa de Su Padre (Juan 14:3).

Post-tribulacionistas dicen que Dios levantará a los cristianos para encontrarse con Cristo en el aire y juntarse con Él mientras Él procede a la tierra a preparar Su reino.[103] Pre-tribulacionistas señalan que esto es aún más antinatural para los cristianos cambiar la dirección y regresar a la tierra inmediatamente que lo es para Cristo cambiar la dirección y regresar al cielo (cf. Juan 14:1–3).

> Un encuentro en el aire es vano a menos que los santos continúen hacia el cielo con el Señor que ha venido para encontrarse con ellos.[104]

La mayoría de los amilenialistas afirman que este tomar resultará en los cristianos un ir al cielo y no regresar nunca a la tierra, como las siguientes anotaciones muestra.

> Aquellos que se reúnen con el Señor en el aire (el espacio entre la tierra y los cielos en la cosmología judía) son levantados en un celestial ascenso por las

---

[103] Ladd, p. 78.
[104] Thomas, p. 279. Cf. George Milligan, St. Paul's Epistles to the Thessalonians, p. 61.

nubes sin ninguna indicación de que ellos entonces regresarán a la tierra.[105]

Post-tribulacionistas responden que ya que las Escrituras en otros lugares presentan al rapto como teniendo lugar al final de la tribulación, deben ser los cristianos quienes cambian de dirección en medio del aire en lugar de Cristo.

¿Existen otros pasajes de las Escrituras que clarifiquen cuándo este traslado de los santos vivos ocurrirá? Ambos, pre-tribulacionistas y post-tribulacionistas están de acuerdo en que este evento ocurrirá en el mismo momento de la resurrección de los creyentes muertos (vv. 14–17; cf. 1 Cor. 15:51–52). Sin embargo discrepan acerca de cuál resurrección está a la vista. Algunos post-tribulacionistas identifican esta resurrección con aquella que tendrá lugar en la segunda venida de Cristo.[106] Algunos de ellos sostienen que esta resurrección es "la primera resurrección" (Apoc. 20:4-5) y que ninguna resurrección le precede a esta, especialmente una antes de la tribulación.[107] No obstante, pre-tribulacionistas señalan que ya habrá sucedido al menos una resurrección, a saber, la de Cristo.[108] Consecuentemente "primero" no debe significar los primeros de todos los tiempos sino los primeros en relación a otros, probablemente los primeros de los dos grupos mencionados en Apocalipsis 20:5-14. Esta "primera resurrección" evidentemente se refiere a la resurrección de los creyentes que

---

[105] Wanamaker, p. 175. La mayoría de los amilenialistas, por supuesto, no creen que habrá un reinado terrenal mesiánico (milenial) por Cristo o Su regreso a la tierra a participar en el. Barclay, p. 236, tomó esta sección como poesía, la visión de un vidente que el lector no debe tomar literalmente.

[106] Reese, pp. 214–15; Gundry, pp. 134–39.

[107] Ladd, p. 82.

[108] La resurrección de la hija de Jairo, El hijo de la viuda de Naín, y la de Lázaro fueron resurrecciones reales aunque aquellas personas murieron otra vez.

tendrá lugar al final de la tribulación. La segunda resurrección, la resurrección de los no creyentes, ocurrirá al final del milenio. Esta interpretación abre la posibilidad de otra resurrección de creyentes antes de la tribulación.

Marvin Rosenthal ofreció una interpretación única que él llamó "el rapto de la pre-ira".[109] Él cree que el único momento en que Dios derramará Su ira sobre la tierra será en la última cuarta parte, en lugar de la última mitad de la semana setenta de Daniel (Dan. 9:24–27). Él asoció este largo período de 21 meses con el día del Señor (Joel 2:1–2).[110]

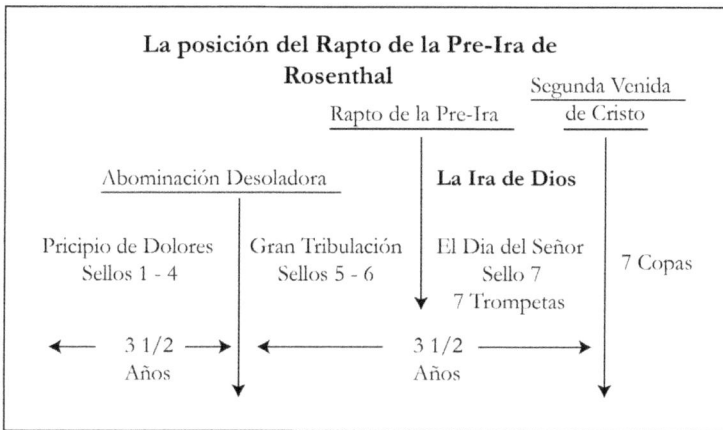

La mayoría de los pre-milenialistas han entendido que el día del Señor describe a toda la semana setenta (siete años) más el reino (milenial) mesiánico.[111] Nosotros vemos a todos los siete

---

[109] Marvin Rosenthal, The Pre-Wrath Rapture of the Church. Para un muy útil recuento de la historia de los debates acerca del rapto, vea Stanton, pp. 306–401.

[110] El gráfico de abajo es de John A. McLean, "Another Look at Rosenthal's 'Pre-Wrath Rapture,'" Bibliotheca Sacra 148:592 (October-December 1991):388.

[111] Vea Showers, pp. 30–40, and Stanton, pp. 70–91, para discusiones excelentes de "el día del Señor"

años de la tribulación como un período del derramamiento de la ira divina (Jer. 30:7; Dan. 12:1).[112]

> Exactamente como cada día de la creación y el día judío consistía en dos fases-un tiempo de obscuridad ('noche') seguido por un tiempo de luz ('día') [Gen 1:4–6] -Así el futuro Día del Señor consistirá en dos fases, un período de obscuridad (juicio) seguido por un período de luz (gobierno divino y bendición).[113]

Una explicación amilenial representativa de este pasaje es como sigue.

> A pesar de que un esfuerzo ha sido hecho aquí [en su comentario] para organizar los detalles de vv. 16 f. dentro de un razonable y coherente cuadro de los eventos del fin, debe reconocerse que Pablo probablemente no estaba interesado en darnos una descripción literal. Su objetivo era reafirmar a los tesalonicenses que sus compañeros cristianos quienes habían muerto participarían en iguales términos con ellos en la experiencia salvadora acompañando a la parousia del Señor.[114]

No hay ninguna pista en el pasaje que indique que deberíamos tomar las palabras de Pablo de otra manera que una descripción literal.

---

[112] Gerald B. Stanton efectivamente mostró la falacia del punto de vista de Rosenthal en "A Review of The Pre-Wrath Rapture of the Church," Bibliotheca Sacra 148:589 (January-March 1991):90–111; como lo hizo Paul Karleen, The Pre-Wrath Rapture of the Church: Is It Biblical? y Showers, passim. Vea también idem, The Pre-Wrath Rapture View: An Examination and Critique.

[113] Showers, Maranatha . . ., p. 33.

[114] Wanamaker, p. 176.

4:18

La esperanza de estar reunidos con los santos quienes han muerto y, lo que es más importante, con Cristo da a los creyentes una esperanza que podemos y deberíamos usar para confortarnos unos a otros cuando un ser querido muere.

> El punto central de Pablo [en vv. 13–18] es que los cristianos quienes han muerto de ninguna manera están relegados de aquellos que están vivos en la venida del Señor, ya que los muertos en realidad se levantarán primero; entonces, todos nosotros iremos juntos a encontrar al Señor en el aire.[115]

Tanto los pre-tribulacionistas como los post-tribulacionistas están de acuerdo en que las revelaciones de Pablo dan consuelo solamente a los creyentes. La esperanza del traslado antes de la muerte que Pablo reveló es más grandiosa que la esperanza de la resurrección después de la muerte que los tesalonicenses habían sostenido. ¿Ocurrirá este traslado antes de la tribulación o después? Pre-tribulacionistas dicen que esto ocurrirá antes. Consecuentemente nosotros tenemos una muy confortante esperanza. No solamente que nuestro traslado precede nuestra muerte, pero también precederá a la tribulación. Además, podría suceder en cualquier momento. Los post-tribulacionistas dicen que nuestra esperanza consiste únicamente en la posibilidad de ser trasladados antes de nuestra muerte. Nosotros podríamos tener que pasar por la tribulación. Por lo tanto el rapto no es inminente.

---

[115] Thomas R. Edgar, "An Exegesis of Rapture Passages," in Issues in Dispensationalism, p. 204. Note que no es solo el regreso por sí mismo del Señor que Pablo ofrece como consuelo aquí (cf Titus 2:13 pero la reunión de los muertos y santos vivos y su compartir en gloria en su presencia.

La esperanza de un rapto que ocurre después de una literal gran tribulación sería un consuelo pequeño para aquellos en esta situación [i.e., lamentando por los amados que han muerto].[116]

. . . aunque la iglesia ha pasado por períodos de gran persecución en el pasado e indudablemente puede pasar por aun más grandes y más intensas persecuciones antes de que Cristo regrese, sin embargo, el punto de vista de un rapto post-tribulacional es imposible por la simple razón de que esto quita el sentido al argumento que Pablo estaba presentando en las cartas a los tesalonicenses. Pablo argumentaba acerca de la inminencia del regreso de Cristo. Esta va a ser la mayor fuente de Consuelo para los creyentes que sufren. Si Cristo no va a venir sino hasta después de la gran tribulación (esto es, un período de inusual e intenso sufrimiento que será en el futuro) entonces el regreso del Señor no es inminente y la tribulación en lugar de liberación es lo que nosotros deberíamos esperar.[117]

Yo prefiero la explicación pre-tribulacional de los versos 13–18 por las siguientes razones. El pasaje dibuja al rapto como un evento inminente, pero no lo es si la tribulación va a venir primero. Segundo, los cristianos no están destinados a experimentar el derramamiento de la ira de Dios (1:10; 5:9–10), que será en la tribulación. Tercero, el prospecto de un rapto inminente es una consolación más grande que el prospecto de un rapto post-tribulacional, y Pablo reveló esta información para

[116] Walvoord, The Blessed . . ., p. 96.
[117] James Montgomery Boice, The Last and Future World, pp. 41–42.

proveer consolación. Cuarto, no hay mención de la tribulación en el pasaje, y mencionarlo habría sido apropiado y razonable si este precediera al rapto.[118]

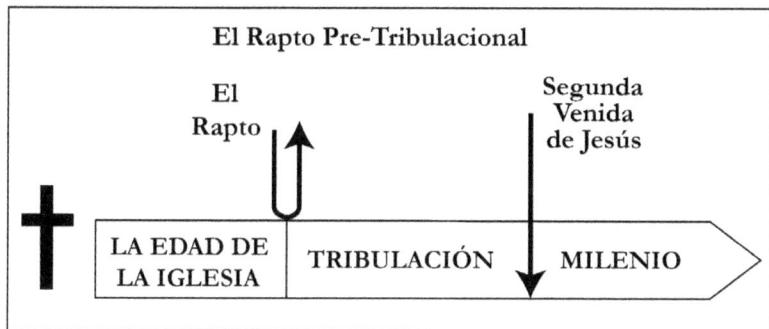

El Rapto Pre-Tribulacional

Una comparación entre 13–18 con Juan 14:1–3 muestra que se refieren al mismo evento.

Juan 14:1-3		1 Tesalonicenses 4:13–18	
angustia	versículo 1	tristeza	versículo 13
creer	versículo 1	creer	versículo 14
Dios, mí	versículo 1	Jesús, Dios	versículo 14
lo he dicho	versículo 2	te digo	versículo 15
venir otra vez	versículo 3	la venida del Señor	versículo 15
recibirte	versículo 3	arrebatar	versículo 17
a mi mismo	versículo 3	para recibir al Señor	versículo 17
estes en donde estoy	versículo 3	siempre estar con el Señor	versículo 17

---

[118] Vea Timothy J. Demy and Thomas D. Ice, "The Rapture and an Early Medieval Citation," Bibliotheca Sacra 152:607 (July-September 1995):306-17, para una evidencia de que el punto de vista pre-tribulacional existía en la iglesia antes John Nelson Darby (1800–1882) la popularizó.

Una comparación similar de 1 Tesalonicenses 4 y Apocalipsis 19, que describe la segunda venida de Cristo, revela que estos dos capítulos deben describir eventos diferentes.[119]

1 Tesalonicenses 4	Apocalipsis 19
Solo los justos están en el cuadro.	Solo los malos.
Los muertos son levantados a la vida.	Los vivos van a la muerte.
Los santos ascienden para encontrar al Señor.	Los santos descienden con el Señor.
Son los huéspedes en la cena matrimonial del Cordero.	Ellas constituyen la cena del gran Dios.
Están por siempre con el Señor.	Los líderes y sus seguidores son lanzados dentro del lago de fuego.

C. Estar atentos individualmente 5:1–11

En vista de la inminencia del regreso de Cristo Pablo exhorta a los tesalonicenses a estar listos para prepararse para encontrarse con el Señor en cualquier momento.

> El anterior [parágrafo, i.e., 4:13–18] ofrece instrucciones concernientes a los muertos en Cristo; este [parágrafo] da una palabra de necesaria exhortación a los vivos.[120]

Otros contrastes entre estos pasajes son el rapto y el día del Señor, y la resurrección y el juicio.

---

[119] Las dos comparaciones son de J. B. Smith, A Revelation of Jesus Christ, p. 312.

[120] Hiebert, p. 207.

Este periscopio trata del momento del regreso de Cristo y la consecuente necesidad de estar atentos.

5:1–2

Pablo había enseñado previamente a esta iglesia acerca del día del Señor (v. 2). Jesús había también enseñado a Sus discípulos acerca de esto (cf. Mat. 24:44; Marc. 13; Lucas 21). Habían enseñado de los períodos cronológicos ("tiempos", Gr. *chronos*, un período prolongado) y los rasgos mayores de estos períodos ("épocas", Gr. *chairos*, un período definido) que se dispone posteriormente en el futuro. Estas palabras pueden describir el fin de los tiempos desde estas dos perspectivas (cf. Hech. 1:7; 3:19–21)[121], pero probablemente significan virtualmente la misma cosa (cf. Dan. 2:21; 7:12; Hech. 1:7).[122]

> ". . . La frase puede haber sido un doblete conven-
> cional, como nuestro propio "tiempos y estaciones",
> sin ningún énfasis en particular en una diferencia en-
> tre dos nombres".[123]

El día del Señor aunque en el futuro usualmente se refiere al periodo en la historia caracterizada por el trabajo de Dios en el mundo en directa, y dramática forma.[124] Este período comienza con la tribulación y continúa a traves del milenio (cf. Isa. 13:9–11; Joel 2:28–32; Sof. 1:14–18; 3:14–15; et al.). Este contiene a ambos, juicio (en la tribulación) y bendición (en el milenio). La gente vivi-endo sobre la tierra cuando esto comienza (i.e., incrédulos, Puesto

---

[121] G. G. Findlay, The Epistles of Paul the Apostle to the Thessalonians, p. 107; Morris, The First . . ., pp. 149–50.

[122] Wanamaker, p. 178.

[123] Bruce, p. 108.

[124] See ibid., p. 109.

que los cristianos estarán con el Señor en el cielo inmediatamente
después del rapto) no se lo esperarán.

> "Usando 'el día del Señor' como la terminología que
> describe La Gran Tribulación. Cristo incluyó la trib-
> ulación dentro del día del Señor (cf. Mat. 24:21 con
> Jer. 30:7; Dan 12:1; Joel 2:2). Este tiempo de juicio al
> inicio de el terrenal día del Señor no será breve, sino
> comparable con al parto de una mujer antes de dar a
> luz a un niño (Isa. 13:8; 26:17–19; 66:7ff.; Jer. 30:7, 8;
> Miqueas 4:9, 10; Mat. 24:8; 1 Tes 5:3)".[125]

La frase "el día del Señor" se refiere también a la segunda
venida de Cristo (cf. Joel 3:9–16; Zac. 14:1–5; Apoc. 16:12–16;
19:11–21); esto incluye a ese evento entre la tribulación y el milenio.
Así la Escritura usa este término en un sentido amplio (la tribulación
y el milenio); y en un sentido limitado (el regreso de Cristo).

> Exactamente como la palabra 'día' en Génesis 1:5 las
> dos tienen un sentido amplio (un día de 24 horas-'Y
> la noche y la mañana fueron el primer día') y en un
> sentido limitado (La parte iluminada de un día de 24
> horas en contraste con la parte obscura-'I Dios lla-
> mó a la luz día, y a la oscuridad la llamó noche')-así la
> expresión 'el día del Señor' tienen un sentido amplio
> y un sentido limitado en relación al futuro.[126]

Algunos post-tribulacionistas dicen que el día del Señor
aquí se refiere específicamente a la segunda venida de Cristo.[127]

---

[125] Thomas, p. 281. Cf. J. Dwight Pentecost, Things to Come, p. 230; Alva J.
McClain, The Greatness of the Kingdom, pp. 186–91.

[126] Showers, Maranatha . . ., p. 35.

[127] Ladd, pp. 92–94.

Sin embargo en el contexto este día será el tiempo en que Dios derramará Su ira sobre los inconversos (vv. 3–9). Más bien esto podría referirse a los juicios que tendrán lugar en la segunda venida de Cristo, esto más probablemente podría referirse a los juicios de la tribulación (cf. Mat. 24:5-28; Apoc. 6:16–18).[128] Gundry alega que el día del Señor comienza después de la tribulación pero antes del Armagedón.[129] Sin embargo esto significa que ninguno de los juicios antes del Armagedón son juicios del día del Señor, esta es una conclusión que pocos intérpretes, post-tribulacionistas como tampoco los pre-tribulacionistas pueden aceptar.[130]

> La única manera de sostener que este encuentro con Cristo en el aire es una probabilidad inminente es viéndola como simultanea con el comienzo del juicio divino contra la tierra. Solamente si el rapto coincide con el principio del día del Señor podrían ser ambos inminentes y la salvación de aquellos en Cristo coincide con la venida de la ira para los demás (v. 9) . . .
>
> Sea el rapto o el día del Señor el que precede al otro, uno o el otro dejaría de ser una perspectiva inminente a las que el 'ladrón en la noche' y las expresiones relacionadas (1:10; 4:15, 17) son inapropiadas. Aquellas dos son posibilidades en cualquier momento y por ello Pablo puede hablar acerca de las dos en parágrafos sucesivos. Es así como tanto la venida personal del

---

[128] Reese, pp. 172–73.

[129] Gundry, p. 95.

[130] Para una crítica del punto de vista de Gundry, vea Paul D. Feinberg, "Dispensational Theology and the Rapture," en Issues in Dispensationalism, pp. 225–45. Feinberg critó también el punto de vista de los post-tribulacionistas Douglas J. Moo and William E. Bell, and el punto de vista de el of mid-tribulacionista Gleason F. Archer, en este ensayo.

Señor como también los "días" venideros pueden ser comparados con un ladrón ([Mat. 24. 36–43; Lucas 12:35–40;] 2 Pedro 3:4, 10; Apoc. 3:3, 11; 16:15).[131]

5:3

Evidentemente la ocasión para un sentido falso de seguridad será entonces que el Anticristo estría firmando un convenio con Israel (cf. Dan. 9:27).[132] Esa firma pondrá las bases para un período de destrucción sin precedentes aunque será la firma de un tratado de paz. Estudiantes de la Biblia que vivan sobre la tierra entonces serán capaces de anticipar este período de persecución ya que Dios lo ha revelado en la Escritura. Esto será casi como el parto de una mujer embarazada y que los observantes pueden anticipar por su apariencia (cf. Mat. 24:8). Nadie viviendo sobre la tierra entonces de ninguna manera (una negativa doble para dar énfasis en el texto griego) escapará del caos que sigue. No pueden escapar de la misma manera en que una mujer embarazada no puede escapar de dar a luz a su hijo. Este parece ser un argumento en contra de los mid-tribulacionistas. Nadie sobre la tierra quien está viviendo en paz y seguridad durante la primera mitad de la tribulación escapará de la destrucción que viene en la segunda mitad, excepto aquellos que murieron.

5:4–6

Los tesalonicenses no ignoraban estos eventos ya que Jesús y Pablo se los habían revelado (cf. 4:13–17). No estaban caminando en maldad tampoco. Dios había quitado a los tesalonicenses del reino de Satanás de obscuridad y los había colocado dentro del

---

[131] Thomas, p. 281. Cf. Walvoord, The Thessalonian . . ., p. 54.

[132] Así que el principio del día del Señor y el principio de la semana setenta de Daniel coinciden. Vea Showers, Maranatha . . ., pp. 58–63.

reino de la luz de Dios (cf. Col. 1:13).[133] Pablo los exhortó por lo tanto a permanecer alerta (en vela) y sobrios (auto-controlados), no dormidos (insensibles) a las cosas que Dios ha revelado.

Si la iglesia tiene que pasar a través de la tribulación (La semana setenta de Daniel) antes del rapto, no tiene sentido esperar por Cristo diariamente.[134]

5:7–8

Un comportamiento consistente con su posición en Cristo requiere una cuidadosa preparación en vista del futuro. Se comprometen como soldados en una guerra espiritual, ellos necesitaban proteger sus partes vitales con confianza en Dios y amor para los demás (cf. 1:3, 3:5; Isa. 59:17; Ef. 6:14–17). Necesitaban también proteger su pensamiento de los ataques mediante mantener en mente su esperanza segura de liberación con la llegada de Cristo (i.e., el rapto).

5:9–10

La liberación de los juicios del día del Señor (i.e., el derramamiento de la ira de Dios en la tribulación) es cierta para los cristianos. Es cierta porque Dios nunca ha destinado a sus hijos a Su ira en ninguna forma ni en ningún tiempo (cf. 1:10). En el contexto, la ira del día del Señor está especialmente a la vista. Pero más bien Él nos ha señalado para una salvación completa (4:15–17).

"Primera de Tesalonicenses 5:9 no es una 'ambos/y' declaración. El creyente no está destinado a la ira y

---

[133] "Obscuridad" era una figura negativa común en la antigüedad. En el Antiguo y en el Nuevo Testamento esta describe a aquellos que son ignorantes o que se oponen al Señor (cf. Job 22:9–11; Sal. 82:5; Prov. 4:19; Isa. 60:1–3; Rom. 13:12; 1 Cor. 4:5; 2 Cor. 4:4–6; 6:14; Col. 1:13; 1 Ped. 2:9).

[134] Vea James H. Brookes, "Kept Out of the Hour," Our Hope 6 (November 1899):154; Brindle, pp. 144–46.

a la salvación-a el día del Señor y al rapto (el punto de vista post-tribulacional). El versículo señala no al uno, sino al otro.' El creyente está destinado no a la ira, sino a la salvación; no al día del Señor, sino al rapto (pre-tribulacionistas). La esperanza del creyente es el rapto. No estamos esperando por la ira, sino por el Señor".[135]

"Cuando Dios libere Su ira contra los moradores de la tierra (Apoc. 6:16, 17), El cuerpo de Cristo estará en el cielo como resultado de la serie de sucesos bosquejados en 4:14–17 (cf. 3:13). Este es el propósito de Dios".[136]

Esta liberación es eficaz porque Cristo Jesús murió como nuestro sustituto. Él tomó toda la ira de Dios contra nosotros sobre Él mimo (cf. Rom. 8:1). Consecuentemente podemos tener la confianza de que viviremos juntamente con Cristo después del rapto no importa si estamos atentos o distraídos en el momento de Su venida.

La palabra griega traducida "durmamos" en el versículo 10 es de la misma raíz que aquella que se traduce "dormir" en versículo 6 en la que se hace referencia a un letargo espiritual. Y esta es diferente de la palabra traducida "duermen" en 4:13, 14, y 15 en la que se hace referencia a una muerte física.[137] Dios tomará a todos los cristianos si están atentos o desatentos en el rapto.[138] Esta declaración refuta la teoría del rapto parcial, el

---

[135] Edgar, pp. 206–7.

[136] Thomas, p. 285.

[137] Constable, p. 707.

[138] Vea Thomas R. Edgar, "The Meaning of 'Sleep' in 1 Thessalonians 5:10," Journal of the Evangelical Theological Society 22:4 (December 1979):345–49.

punto de vista de que Dios tomará únicamente a los cristianos que están atentos. Más que nada esta es otra indicación de que el rapto ocurrirá antes de la tribulación ya que la tribulación es el tiempo en que Dios derramará Su ira sobre aquellos que moran sobre la tierra (cf. 1:10).

5:11

Esta esperanza segura es una base legítima para el estímulo mutuo y edificación entre los creyentes. No solamente que podemos confortarnos unos a otros cuando los creyentes mueren (4:18), Pero también podemos fortalecernos mientras vivimos.

> "Para la verdad de que la iglesia está destinada para ser rescatada de los pesares de la tribulación, no hay pasajes que tengan más que ofrecer al escrutinio exegético que lo que lo hacen 5:1–11".[139]

D. Vida de la Iglesia 5:12–15.

Pablo también recordaba a sus lectores sus responsabilidades presentes. Cumpliéndolas, balanceaba su énfasis previo en cuando a la esperanza presente en vista de las bendiciones futuras.[140]

1. Actitudes frente a los líderes 5:12–13.

Los líderes aquí mencionados fueron probablemente los líderes de la iglesia de Tesalónica, y posiblemente los diáconos y otros en

---

[139] Zane C. Hodges, "The Rapture in 1 Thessalonians 5:1–11," in Walvoord: A Tribute, pp. 67–68. Para una buena defensa exegética del rapto pre-tribulacional, vea Showers, Maranatha . . . . Stanton, Kept from . . ., pp. 88–91, refutando el punto de vista post-tribulacional en este pasaje.

[140] La exhortación de Pablo a los romanos es bastante similar a lo que comenzamos a leer aquí (cf. v. 13b and Rom. 12:18; v. 15 and Rom. 12:17a; v. 16 and Rom. 12:12a; v. 17 and Rom. 12:12c; v. 19 and Rom. 12:11b; vv. 21b-22 and Rom. 12:11b). Wanamaker, p. 191.

posición de liderazgo (cf. Fil. 1:1; 1 Tim. 5:17). Sus lectores debían apreciar a sus líderes (plural) por sus labores. Sus deberes, como se han listado aquí, son representativos, no exhaustivos. Instó a los creyentes también a estimar a sus líderes muy altamente en amor. Mientras que algunos individuos obtienen más afecto que otros con naturalidad, los tesalonicenses fueron deliberadamente llamados a mostrar un auto-sacrificial amor hacia todos sus líderes. Tenían que hacerlo de esta manera, no porque ellos eran personalmente amables o incluso admirables, sino por causa de la contribución que ellos harían a los otros creyentes. Aún si la contribución de un líder era muy pequeña, aquellos que se benefician de su ministerio deberían apreciarlo y respetarlo por su servicio. Semejante actitud les permitiría a los tesalonicenses continuar experimentando paz en su iglesia (v. 13).

> Que Pablo haya incluido semejante mandato indica que las relaciones no eran todo lo que podían ser.[141]

> He descubierto que la falta de respeto por el liderazgo spiritual es la causa principal de las luchas y las divisiones en la iglesia.[142]

> Los líderes nunca podrían hacer su trabajo cuando están sujetos al criticismo malicioso de aquellos que deberían ser sus seguidores.[143]

2. Interrelación entre ellos 5:14–15.

Pablo ahora da mandatos fuertes (cf. v. 12). No solamente los líderes sino todos los creyentes eran responsables de ministrar unos a otros. Aquellos que estaban descuidando sus responsabilidades diarias, necesitaban ponerse en acción. Aquellos que eran tímidos

---

[141] Thomas, p. 288.
[142] Wiersbe, p. 16.
[143] Morris, The Epistles . . ., p. 99.

y que tendían a desanimarse o descorazonarse más fácilmente que la mayoría, necesitaban aliento, estímulo para seguir adelante, y ayuda extra. Aquéllos que todavía no habían aprendido a apoyarse en el Señor para sus necesidades cuando ellos debían, eran dignos de apoyo especial. Sobre todo, los tesalonicenses debían ser pacientes unos con otros y con todas las personas. No debían tomar venganza sino más bien ser positivamente Buenos para con todos los demás (cf. Prov. 25:21; Mat. 5:38–42, 44–48; Lucas 6:27–36; Rom. 12:17–21; 1 Ped. 2:19–23; 3:9).

> La no venganza por las ofensas personales es probablemente la mayor evidencia personal de una madurez cristiana.[144]

El versículo 14 se enfoca en aquéllos que están hiriendo, y verso 15 en aquéllos que hirieron a otros

E. Conducta individual 5:16–24

Las exhortaciones anteriores llevaron a Pablo naturalmente a enfocarse en otras responsabilidades individuales que permitirían a sus lectores percibir sus deberes cristianos personales claramente (cf. Gal. 6). De cualquier manera todas estas cosas son las responsabilidades de los cristianos corporativamente (la congregación de la iglesia) como también individualmente.

1. Acciones y actitudes personales 5:16–18

5:16

Este es uno de los aproximadamente 70 mandatos del Nuevo Testamento a regocijarnos. Esta opción volitiva es sumamente importante para el cristiano. Nosotros siempre podemos regocijarnos si recordamos lo que Dios nos ha dado en Cristo.

---

[144] Thomas, p. 290.

5:17

Escritores griegos usaron el adverbio traducido "sin cesar" para describir una toz seca. Pablo no esperaba que sus lectores estuvieran en oración a cada minuto sino que continúen orando cuando sea posible.

> No sorprende que Pablo deseara que sus converti-
> dos sean personas de oración. Él mismo era devoto
> a la oración como una actividad fundamental en su
> vida (cf. 1:2b; 2 Tes. 1:11; Rom. 1:10; Col. 1:3, 9).
> En algunas de sus cartas él instruye a sus lectores a
> ejercitar devoción por la oración (cf. 5:25; 2 Tes. 3:1;
> Rom. 12:12; Fil. 4:6; Col. 4:2, 3).[145]

5:18

Necesitamos dar Gracias en todo sabiendo que Dios está obrando sobre todas las cosas por el bien de Su gente que lo ama (Rom. 8:28). Pablo dijo que todos estos mandatos son definitivamente la voluntad de Dios para todo creyente.

2. Acciones y actitudes en sociedad 5:19–22

5:19

Apagando el Espíritu es una expresión figurativa que ilustraba la posibilidad de impedir el trabajo del Espíritu en y a través del creyente. La imagen es la del agua que se tira sobre el fuego. La respuesta apropiada es seguir la dirección del Espíritu y su control sin resistirse (v. 18; cf. Gal. 5:16, 25). El siguiente versículo da una manera en que los creyentes pueden apagar el Espíritu.

5:20–21

Ahí parece haber habido una tendencia en la iglesia de los tesalonicenses a despreciar las pronunciaciones proféticas (i.e.,

---

[145] Wanamaker, p. 200.

el anunciar de alguna palabra de Dios; cf. 1 Cor. 14:1). Pablo
les advirtió contra considerar estas palabras de Dios como sólo
palabras de los hombres. Sin embargo, también aconsejó que sus
lectores deben probar esas pronunciaciones. Ellos podrían hacer
esto comparando lo que el orador dijo, con la norma de revelación
divina previamente dada (cf. Deut. 13:1–5; 18:20; 1 Juan 4:1–3).[146]
Debían retener todo lo que pase la prueba. Y lo que no, debía
rechazarlo juntamente con todo otro tipo de maldad.[147]

5:22

Deberían también abstenerse de toda forma de maldad (Gr.
pantos eidous ponerou). Esto parece ser el significado mejor en vista
del contraste con verso 21. La interpretación alternativa es que
Pablo quería que sus lectores no solamente eviten el mal en sí
mismo sino también lo que otros podrían percibir como algo que
se relaciona con el mal (cf. Rom. 14). No es posible siempre, por
supuesto, abstenerse de lo que aparenta ser malo para las personas
de mente estrecha.

3. Una habilitación divina 5:23–24

5:23

La paz en la congregación era muy importante para Pablo. El
"espíritu" es la parte de nosotros que nos ayuda a comunicarnos
con Dios. El "alma" nos hace conscientes de nosotros mismos.
El "cuerpo" es la parte física que expresa nuestro ser interior.
Estos no son los únicos elementos que constituyen humanidad

---

[146] Sus vecinos, los de Berea, les dieron un buen ejemplo a este respecto (cf.
Hech. 17:11).

[147] El problema estaba en discernir las verdaderas profecías y los verdaderos
profetas de las profecías falsas y los profetas falsos (cf. 2 Tes. 2:1–3, 15), no
en discernir los verdaderos elementos de los elementos falsos en la profecía
de un verdadero profeta. Vea R. Fowler White, "Does God Speak Today
Apart from the Bible? in The Coming Evangelical Crisis, p. 85.

(cf. corazón, mente, consciencia, etc.), Pero son aquellos que Pablo escogió aquí.

> Es incierto intentar construir una doctrina tripartita de la naturaleza humana en la yuxtaposición de los tres nombres, *pneuma*, *psyche* and *soma*. . . . La distinción entre los aspectos físicos y espirituales de la naturaleza humana son fácilmente hechos, pero hacer una distinción comparativa entre "espíritu" y "alma" es forzado.[148]

Pablo puede haber mencionado "espíritu y alma y cuerpo" porque estos tres aspectos apuntan a la relación de los creyentes con Dios, con el o ella mismo, y con otras personas. Juntos representan a la unidad. El deseo de Pablo para sus lectores era que cada parte de ellos permanecería sin falta y que ellos continuaran madurando y viviendo libres de áreas de legítima acusación hasta el regreso de Cristo. Notemos nuevamente que él creía que el regreso del Señor probablemente precedería sus muertes.

¿En vista de que el Señor no regresó antes de que Pablo murió nos muestra que estaba equivocado al ver el regreso del Señor como lo hiso, a saber, como inminente? No, porque inminente significa que Él *podría* regresar *en cualquier momento*, no que Él regresará *muy pronto*.

> En una oración que expresa los deseos de Pablo para la congregación, se resaltan dos de los temas básicos de la carta nuevamente. La oración utiliza dos verbos optativos, pidiendo que Dios "pueda. . . santificar" a los tesalonicenses y que ellos "puedan. . . sean guardados sin culpa." La oración por santificación les

---

[148] Bruce, p. 130.

recuerda a sus lectores de las exhortaciones de los capítulos. 4–5. De hecho, el llamado a la santificación pone entre paréntesis estos dos capítulos finales. El capítulo 4 empieza con una exhortación a las personas a llevar vidas santificadas (vv. 3–8), y cap. 5 termina con una oración para que Dios santifique a su pueblo (v. 23a). La oración para la preservación de los santos hasta la venida del Señor (v. 23b) retrocede a los estímulos para persistir en esperanza a pesar de la aflicción (1:3, 10; 2:14–16; 3:5; 5:10–11).[149]

5:24

Pablo estaba confiado que Dios haría este trabajo en los tesalonicenses a través del Espíritu Santo asumiendo la respuesta de ellos hacia Él (v. 19). El antecedente de "esto" parece ser la santificación y preservación de los tesalonicenses, y no el regreso de Cristo.[150]

---

[149] Martin, p. 188.
[150] Lightfoot, p. 90.

IV. Conclusión 5:25–28

Pablo añade esta posdata final para animarlos a tres acciones más y para enfatizar una actitud básica.

5:25
Pablo creía que la oración intercesora movería a Dios a hacer cosas que de otra manera Él no las haría (cf. James 4:2).

> El ministerio de oración es el servicio más importante al que la Iglesia de Cristo se puede comprometer.[151]

5:26
El beso santo de afecto fraternal y unidad en Cristo era y es el saludo acostumbrado en muchas partes del mundo. En la cultura norteamericana un abrazo o el apretón de manos comunican más a menudo los mismos sentimientos.

5:27
Pablo reconoció el valor edificativo de esta carta y probablemente su inspiración divina, así que firmemente les encargó que alguien la lea en voz alta en la congregación de los santos.

El cambio repentino del plural al singular de la primera persona es significante; la explicación más probable es que Pablo tomó la pluma en este punto de la carta y agregó él mismo la rogativa y la bendición final con su propia mano. . .[152]

---

[151] D. Edmond Hiebert, Working with God: Scriptural Studies in Intercession, p. 44.

[152] Bruce, p. 135. See also E. H. Askwith, "'I' and 'We' in the Thessalonian Epistles," Expositor, series 8:1 (1911):149–59.

5:28

Finalmente, expresó su anhelo de que el favor inmerecido de Dios continuara siendo la experiencia de sus lectores y la fuente de sus alegrías. Era típico que Pablo mencione la gracia de Dios en sus despedidas. Era uno de sus temas favoritos. Esta bendición es idéntica a la de los Romanos 16:20 y 1 Corintios 16:2

SEGUNDO LIBRO

2 TESALONICENSES

INTRODUCCIÓN

Trasfondo histórico

Esta epístola contiene evidencia de que Pablo había escuchado recientemente noticias de la condición actual en la iglesia de Tesalónica. Probablemente la mayoría de esta información llegó a él mediante la persona quien llevó 1 Tesalonicenses a sus destinatarios y había regresado a Pablo en Corinto. Quizás otras personas que tenían noticias de la iglesia también habían informado a Paul, Silas, y Timothy. Algunas de las noticias eran buenas. La mayoría de los tesalonicenses continuaban creciendo y permanecían fieles a Cristo a pesar de la persecución. Desafortunadamente algunas de las noticias eran malas. Enseñanzas falsas concernientes al día del Señor habían entrado en la iglesia y estaban causando confusión y conduciendo a los cristianos a dejar sus trabajos en la expectativa del Regreso del Señor.

En vista de este reporte Pablo se vio forzado a escribir esta epístola. Encomendó a sus hijos en la fe a su crecimiento y fidelidad, corrigió el error doctrinal acerca del día de Señor, y amonestó a los ociosos a volver a trabajar.Casi todos los estudiosos conservadores creen que Pablo escribió 2 Tesalonicenses desde Corinto. El fundamento para esta conclusión es que Pablo, Silas y Timoteo estaban presentes juntos en Corinto (Hech.18:5). El Nuevo Testamento no hace referencia a ellos estando juntos desde entonces, sin embargo pudieron haber estado. Pablo evidentemente escribió 1 Tesalonicenses desde Corinto. Los tópicos que está tratando en la segunda epístola aparentemente nacen de las situaciones a las que hizo alusión en la primera epístola. Reflejan una situación muy similar en la iglesia de Tesalónica.

Corinto, por lo tanto, parece ser el lugar probable de la escritura de 2 Tesalonicenses.

Por estas razones aparentemente Pablo escribió 2 Tesalonicenses muy poco después de 1 Tesalonicenses, probablemente dentro de los siguientes 12 meses.[153] Esto colocaría al tiempo de la escritura en los tempranos 50s D.C, probablemente 51 D.C, y haría de este el tercer escrito canónico de Pablo asumiendo que Gálatas fuera el primero.

> La evidencia externa para la autoría paulina de 2 Tesalonicenses es más fuerte que para 1 Tesalonicenses.[154]

---

[153] T. W. Manson, "Sn. Pablo en Grecia: Las cartas a los Tesalonicenses," Bulletin of the John Rylands Library 35 (1952-53):438–46; Charles A. Wanamaker, The Epistles to the Thessalonians, pp. 37–45; y otros arguyen que Pablo escribió 2 Tesalonicenses antes que 1 Tesalonicenses.

[154] Robert L. Thomas, "2 Thessalonians," in Ephesians-Philemon, vol. 11 of The Expositor's Bible Commentary, p. 302.

Propósito

Tres propósitos son evidentes en el contenido de la epístola. Pablo escribió para animar a los creyentes de Tesalónica a continuar perseverando en vista de las continuas persecuciones (1:3–10). También quería clarificar los eventos precedentes al día del Señor para dispersar falsas enseñanzas (2:1–12). Finalmente, instruyó a la iglesia cómo lidiar con los cristianos vagos en medio de ellos (3:6–15).

Bosquejo[155]

I. Salutación 1:1–2

II. Elogios por pasados progresos 1:3–12

    A. Acción de gracias por crecimiento 1:3–4

    B. Ánimo para perseverar 1:5–10

    C. Oración por éxito 1:11–12

III. Corrección de un error presente 2:1–12

    A. El comienzo del día del Señor 2:1–5

    B. El misterio de desobediencia 2:6–12

IV. Agradecimiento y oración 2:13–17

    A. Agradecimiento por el llamado 2:13–15

    B. Oración por fortaleza 2:16–17

V. Exhortaciones para futuro crecimiento 3:1–15

    A. Oración recíproca 3:1–5

        1. Oración por los misioneros 3:1–2

        2. Oración por los tesalonicenses 3:3–5

---

[155] Para un bosquejo basado en un análisis retórico, vea Wanamaker, p. 51.

EXPOSICIÓN

I. Salutación 1:1–2

El apóstol abre esta epístola identificándose a sí mismo y sus compañeros, a sus destinatarios. También expresó su deseo de la gracia y la paz de Dios para ellos al presentarse a sí mismo y expresar sus permanentes mejores deseos para sus hijos en la fe.

Los versículos 1 y 2 son casi idénticos a 1 Tesalonicenses 1:1. Una diferencia es que Pablo llamó a Dios "nuestro" Padre aquí, en lugar de "el" Padre.

La bendición (v. 2) es más completa que la de 1 Tesalonicenses 1:1. Pablo mencionó tanto la gracia (Favor inmerecido de Dios y la divina capacitación) y paz (la cesación de las hostilidades y llenura de la bendición divina) nuevamente, pero identificó su fuente aquí. Ambas bendiciones vienen de Dios el Padre y del Señor Jesucristo. Afirma nuevamente la deidad de Cristo, y nivela la Paternidad de Dios con el Señorío de Cristo sobre la iglesia los creyentes.

II. Elogios por pasados progresos 1:3–12

Pablo agradeció a Dios por el crecimiento espiritual de sus lectores, los animó a perseverar en sus pruebas, y les aseguro de sus oraciones por ellos. Lo hizo para motivarlos a continuar resistiendo penalidades y por lo tanto creciendo en la fe (cf. Santiago 1:2–4).

A. Acción de gracias por crecimiento 1:3–4
1:3

En esta epístola temprana a los tesalonicenses, Pablo les había instado a que crecieran en la fe (1 Tes. 4:10) y aumentaran en amor (Tes. 3:12). Se regocijaba porque ellos estaban haciendo estas dos cosas (v. 3).[156] Pablo comenzó cada una de sus epístolas, excepto Gálatas, con agradecimiento por el progreso espiritual de sus lectores. La palabra traducida "va creciendo", que Pablo usa para describir la fe de ellos, ocurre únicamente aquí en el Nuevo Testamento y significa "crecido a lo sumo", no solo normalmente. El crecimiento de los tesalonicenses había sido inusual. Eran una congregación ejemplar en este respecto.

"Debemos siempre dar gracias" significa "Deberíamos dar gracias" (cf. 2:13). Pablo no estaba diciendo que sabía que debía dar gracias pero no lo hacía, sino que se sentía obligado a dar gracias y así lo hacía.

---

[156] Esta es una pista de que Pablo escribió 2 Tesalonicenses después de 1 Tesalonicenses. En los textos griegos los versos 3–10 son una sola frase.c

Claramente en todo este pasaje. . . los escritores se revelan como hombres que son eufóricos. . . en lugar de renuentes, exuberantes en lugar de vacilantes.[157]

Pablo estaba bien consciente de las limitaciones de los creyentes de Tesalónica, pero no permitió que las faltas de aquellos opacaran sus puntos fuertes. . . . En lugar de criticarlos, estaba ansioso por alabarlos.[158]

1:4

No sorprende que Pablo dijo que citó a los tesalonicenses a otras iglesias como un ejemplo a seguir. Este crecimiento había venido en medio de persecución, y lo hacía aún más loable. "Fe" (Gr. *pistis*) usualmente se refiere a la fe en alguien o en algo, pero con frecuencia significa "fidelidad" (e.g., Rom. 3:3; Gal. 5:22; Tito 2:10). Probablemente se refiere al último significado aquí. Sus lectores estaban resistiendo acciones hostiles ("persecuciones") como también otras experiencias penosas ("aflicciones") en manos tanto de judíos como de gentiles por causa de su fe cristiana (cf. 1 Tes. 1:6; 2:14; Hec. 17:5–9).

B. Ánimo para perseverar 1:5–10

Estos versículos explican lo que es el futuro justo juicio de Dios.

1:5

Pablo explicó que ese sufrimiento por Cristo demuestra el mérito del creyente para participar en el reino de Dios. Un fuego candente bajo el oro separa el oro de la escoria y muestra el oro realmente como es. De la misma manera el fuego de las pruebas puede separar a los cristianos de los no cristianos y mostrarlos realmente

[157] William Hendriksen, New Testament Commentary: Exposition of I and II Thessalonians, p. 154.
[158] D. Edmond Hiebert, The Thessalonian Epistles, p. 280.

como son. Son lo que son por la gracia de Dios. Es la gracia de Dios la que califica a una persona para el cielo, no el sufrimiento. El sufrimiento solamente expone la calidad de la persona a quien la gracia de Dios está transformando.

Pablo enseñó en todas partes que Dios recompensará a los cristianos que resistan la tentación de abandonar sus compromisos con Cristo Jesús con el privilegio de reinar con Cristo en Su reino milenial (2 Tim. 2:12). Mientras que todos los cristianos regresaremos a la tierra con Cristo en Su segunda venida y entraremos en Su reino, solo aquellos que lo siguen fielmente en esta vida reinarán juntamente con Él.[159]

> Jesús alentaba a sus discípulos a regocijarse cuando eran perseguidos por Su causa porque, Él decía, 'su recompensa es grande en el cielo' (Mat. 5:11, 12 par. Luc. 6:22, 23). Esta nota es recurrente una y otra vez por todo el NT.[160]

1:6–8

1 Tesalonicenses 4	2 Tesalonicenses 1
Cristo regresa en el aire.	Cristo regresa a la tierra.
Él viene en secreto por la iglesia.	Él viene abiertamente con la iglesia.
Los creyentes escapan de la Tribulación.	Los inconversos experimentan la tribulación y el juicio.
El Rapto ocurre en un momento que no ha sido revelado.	La Segunda Venida ocurre al final de la Tribulación en el Día del Señor.[161]

---

[159] Cf. Zane C. Hodges, Grace in Eclipse, pp. 69-77.
[160] F. F. Bruce, 1 and 2 Thessalonians, p. 154.
[161] Adapted from Warren W. Wiersbe, Be Ready, p. 131.

En el futuro, Dios en Su justicia castigará a los perseguidores de los tesalonicenses y dará descanso a sus lectores como
también a los cristianos quienes sufren aflicción por el evangelio.
Esto tendrá lugar cuando Cristo Jesús regrese a la tierra en juicio.
Esta no es una referencia al Rapto. Los juicios descritos en los
siguientes versículos (vv. 9–10) no tendrán lugar en ese tiempo.
Es una referencia a la venida de Cristo al final de la Tribulación
(cf. Salm. 2:1–9; Mat. 25:31). Entonces Cristo castigará a los que
no conocen a Dios (cf. Rom. 1:18–32; Jer. 10:25; Salm. 79:6; Isa.
66:15) y a los que no obedecen el evangelio (cf. Juan 3:36). El
primer grupo podría ser de judíos y el segundo de gentiles.[162] . Sin
embargo éste probablemente es un caso de paralelismo sinónimo
en que ambas descripciones se refieren a judíos y gentiles.[163] Los
castigará con la muerte y no les permitirá entrar en el milenio
(cf. Salm. 2; Ez. 20:33–38; Joel 3:1–2,12; Sof. 3:8; Sac. 14:1-19;
Mat. 25:31–46).[164]

1:9

Aquellos no cristianos sufrirán "destrucción eterna" (lit. Pagarán el
precio). Su destino es la separación eterna de la persona de Cristo
y de la manifestación de Su gloria (i.e., muerte eterna; cf. Isa. 2:10,
19, 21). Esta es la referencia más explícita de Pablo acerca de la
duración eterna del juicio a los no creyentes en todos sus escritos.
Es irónico que aquellos que rechazan a Cristo experimentaran el
rechazo de Dios.

---

[162] Thomas, p. 313; James E. Frame, A Critical and Exegetical Commentary
on the Epistles of St. Paul to the Thessalonians, p. 233; I. Howard Marshall,
1 and 2 Thessalonians, pp. 177–78.

[163] Wanamaker, p. 227.

[164] Para mayor información concerniente al juzgamiento de Israel y a los
Gentiles en la Segunda Venida, vea John F. Walvoord, The Millennial
Kingdom, pp. 276–95.

Olethros ("destrucción") no se refiere a aniquilación, que no puede ser 'eterna.'[165] El uso de esta palabra en LXX in en menciones hechas en el Nuevo Testamento nunca tiene este significado sino más bien gira sobre el pensamiento de separación eterna de Dios y la pérdida de todo lo que vale la pena en esta vida. . .[166]

El cielo es principalmente la presencia de Dios. El infierno es la pérdida de esa presencia.[167]

1:10

Cuando Cristo regrese a la tierra Sus "santos" lo acompañarán. Pablo se refería específicamente a los cristianos (i.e., los creyentes de la edad de la iglesia quienes previamente experimentaron el Rapto), no todos los creyentes. Los santos del Antiguo Testamento no experimentarán la resurrección hasta la segunda venida (Isa. 26:19; Dan. 12:2). La segunda venida de Cristo será un día de gran gloria y vindicación para Él.

La idea es que la gloria de ese día superará por mucho cualquier cosa de la que podamos tener alguna idea antes de que lo miremos, y cuando la miremos estaremos perdidos en nuestro propio asombro.[168]

---

[165] Hendriksen, p. 160. Vea Robert A. Peterson, "Does the Bible Teach Annihilationism?" Bibliotheca Sacra 156:621 (January-March 1999):13–27.

[166] Thomas, p. 313. Cf. Theological Dictionary of the New Testament, s.v. "olethros," by J. Schneider, 5 (1967):169; Leon Morris The First and Second Epistles to the Thessalonians, p. 205; D. Michael Martin, 1, 2 Thessalonians, p. 213; Wanamaker, p. 229.

[167] E. J. Bicknell, The First and Second Epistles to the Thessalonians, p. 70.

[168] Leon Morris, The Epistles of Paul to the Thessalonians, p. 120.

Los lectores de Pablo participarían en este día porque han creído en el testimonio de Pablo cuando había predicado el Evangelio entre ellos. Ellos reflejarían la Gloria de Cristo como lo harán todos los otros creyentes quienes le acompañarán a Él en Su segunda venida (i.e., todos los cristianos).

> Así como Pablo es huidizo acerca de la naturaleza de la venganza que será infringida por el Señor Jesús, es también evasivo acerca de la recompensa que será concedida.[169]

"Aquel Día" es una referencia clara al Día del Señor (cf. Isa. 2:11, 17). Esto incluye el regreso de Jesucristo a la Tierra en Su segunda venida (cf. Mar. 13:32; 14:25; Luc. 21:34; 2 Tim. 1:12, 18; 4:8).[170] Entonces Él será glorificado "en la presencia de Sus santos (El posicional uso de la preposición griega *en*).[171]

En una primera lectura podría parecer que los versículos 5-10 ofrecen la esperanza de que Dios juzgara a los perseguidores de los tesalonicenses muy pronto y que los tesalonicenses cristianos encontrarían "alivio" (v. 7) en el Rapto. Sin embargo el regreso de Cristo en "fuego" (v. 7) repartiendo castigo (vv. 8-9) cuando Él viene "con Sus santos" (v. 10) debe referirse a la Segunda Venida. Entonces parece que la Segunda Venida sigue al Rapto inmediatamente. Esto es lo que los pre-tribulacionistas creen.[172] Sin embargo la Tribulación precederá a la Segunda Venida como concuerdan los post-tribulacionistas. Pablo procede a explicar

---

[169] Wanamaker, p. 230.

[170] Thomas, p. 314. Cf. George Milligan, St. Paul's Epistles to the Thessalonians, p. 92.

[171] Wanamaker, pp. 230–31.

[172] Esto es también lo que los amilenialistas creen. Vea Vern S. Poythress, "2 Tesalonicenses 1 apoya al Amilenialismo," Journal of the Evangelical Theological Society 37:4 (December 1994):529–38.

que los tesalonicenses no estaban en la Tribulación (2:1-12). Solo si estuvieran entonces en la Tribulación podría la esperanza de alivio por un Rapto post-tribulacional haber sido un consuelo para ellos. Consecuentemente parece que en 1:5-10 Pablo buscaba confortar a sus lectores asegurándoles que *finalmente* ellos experimentarían alivio entrando en el descanso en el Milenio que seguirá a la Segunda Venida de Cristo. *Finalmente* Dios castigaría a sus perseguidores en el Juicio de Gran Trono Blanco al final del Milenio (Apc. 20:11–15).

Thomas, un pre-tribulacionista, entendió que la revelación de Cristo dicha en los versos 5–10 era una enseñanza general que juntaba al Rapto y la Segunda Venida.

Muchos han elegido limitar *apokalypsei* ("revelación", "aparición") como un evento único, identificándolo con el regreso de Cristo a la tierra al cierre de la Tribulación. El rol de "Sus poderosos ángeles" en la revelación favorece este entender a la luz de Mateo 24:30, 31; 25:31. Es más persuasivo, sin embargo, explicar *apokalypsei* como un conjunto de eventos, incluyendo varias fases de los eventos del fin de los tiempos. El presente contexto asocia la palabra con la Venida de Cristo por los suyos junto con Su venida para tratar con sus oponentes. Ya que el primer manifestación de vv. 5-10 es para animar a los cristianos que sufren, el significado de *apokalypsei* para ellos debería recibir este énfasis. Los tratos de Dios con el resto del mundo son incluidos solo para exaltar el "alivio" experimentado por los creyentes en el justo juicio de Dios".[173]

---

[173] Thomas, p. 312.

Me parece, como he tratado de explicarlo anteriormente, que la referencia a lo que sucederá en esta aparición describe la Segunda Venida exclusivamente. Thomas admitió que el disfrute de la futura gloria de la Venida de Cristo-y únicamente Su Segunda Venida será en gloria-es la idea principal de este capítulo.[174]

C. Oración por éxito 1:11–12

Pablo y sus compañeros "siempre" oraban para que los tesalonicenses continuaran experimentando purificación mediante sus pruebas en lugar de que experimenten la apostasía. También oraban para que Dios notara y aprobara su valor.

> Dios considera hombres dignos según como ellos
> consienten y se esfuerzan en hacer aquello en lo que
> Él está trabajando en ellos.[175]

También pedía que Dios trajera por Su poder la máxima expresión de todo buen propósito de aquellos para glorificar a Dios y todo acto motivado por su fe en Él. La meta fundamental era la gloria del Señor Jesús manifestada a través de los creyentes de Tesalónica.

> El "nombre" en los tiempos bíblicos representaba a
> toda la personalidad y era una expresión de la per-
> sonalidad.[176]

Esta es la primera de cinco oraciones por los tesalonicenses contenidas en esta pequeña carta (cf. 2:16–17; 3:5, 16, 18).

> . . . Una conducta similar a la de Cristo es más im-
> portante que las palabras de adoración al momento

---

[174] Ibid., p. 315. Cf. J. B. Lightfoot, Notes on the Epistles of Paul, p. 105.
[175] Hiebert, p. 296.
[176] Morris, The Epistles . . ., p. 122.

de glorificar al Señor. La alabanza que procede de
una vida trasformada por el poder del Espíritu suena
verdadera y dulce, pero una vida pecaminosa hace
una burla de la alabanza.[177]

Aquí se requiere una sintaxis estricta, ya que hay un
solo artículo con *theou* [Dios] y *kuriou* [Señor] aquella persona significa, Jesucristo, como ciertamente es
verdad en Tito 2:13; II Pedro 1:1 . . . Este en otro
caso un argumento sintáctico conclusivo. . . es de-
bilitado un poco por el hecho de que *Kurios* es con
frecuencia empleado como un nombre propio sin el
artículo, esto no es así con *soter* [Salvador] en Tito
2:13 y II Pedro 1:1. Así en Ef. 5:5 *en tei basileiai tou
Christou kai theou* el significado natural es *en el Reino de
Cristo y Dios* considerándolos uno, pero aquí otra vez
theos, como *Kurios*, con frecuencia aparecen como un
nombre propio sin el artículo. Así que se debe ad-
mitir que Pablo podría estar diciendo "por la gracia
de nuestro Dios y del Señor Jesucristo, sin embargo
también podría estar diciendo 'por la gracia de nuestro Dios y Señor Jesucristo.'"[178]

Esta sección de versículos (1:3–12) nos da una gran vista
de la razón por la que Dios permite que Sus santos atraviesen
aflicción por causa de su fe (cf. Santiago 1). La persecución puede
ser una gran bendición de Dios y puede traer gran gloria a nuestro
Señor Jesucristo tanto ahora como también en el futuro.

---

[177] Martin, p. 219.
[178] A. T. Robertson, *Word Pictures in the New Testament*, 4:46.

III. Correción de un error presente 2:1–12

Luego Pablo lidia con un error doctrinal que ha entrado en la iglesia de los tesalonicenses para corregir este error y para estabilizar la iglesia.

Los versículos 1–23 contienen la verdad acerca los tiempos del fin que no han sido reveladas en otra parte de las Escrituras. Esta sección es clave para entender los eventos futuros, y es el centro del argumento de esta epístola.

A. El comienzo del día del Señor 2:1-5

2:1-2

Pablo introdujo su enseñanza instando a sus lectores a no ser movidos de su apego a la verdad que él les había enseñado por causa de lo que estaban oyendo de otros. El problema se centraba en las instrucciones de Pablo acerca del Rapto (v. 1, cf. 1 Tes. 4:13–18). Otros maestros estaban diciendo a los tesalonicenses que el día del Señor había empezado ya (v.2). Esta parece ser una posibilidad distinta ya que las Escrituras describen ese día como un tiempo de tribulación así como de bendición. Los tesalonicenses estaban experimentando una intensa persecución por causa de su fe.

> Falsos principios habían sido un fenómeno común entre movimientos que predecían el inminente fin de las edades según las expectativas de la gente excedían sus paciencias.[179]

---

[179] Wanamaker, p. 238. Mucha gente a través de la historia de la iglesia ha confundido la enseñanza de los apóstoles que Cristo podría venir en cualquier momento (por los creyentes en el Rapto) y la no bíblica idea de que Él vendría en cualquier momento. La primera vista que es correcta habla de la inminencia, pero la segunda que es incorrecta involucra el establecimiento de una fecha.

Este mensaje falso parece haber ganado audiencia además porque venía de diferentes fuentes. Pablo se refería a una supuesta revelación profética, la enseñanza de otras autoridades reconocidas, y una carta que supuestamente había escrito y que había llegado a Tesalónica (cf. 3:17). ¿Si el día del Señor había empezado, cómo podría Pablo decir que el regreso del Señor por los suyos precedería a ese día (1 Tes. 1:10; 5:9)? Recordemos que Pablo les había enseñado de un Rapto pre-tribulacional.[180]

> La supuesta dificultad doctrinal está en el fracaso para distinguir entre *parousia* [aparecimiento] y el día del Señor. Los defensores en Tesalónica comprendieron que el día del Señor no estaba meramente "a mano," que era verdad (Romanos 13:12), sino más bien "presente," que Pablo negaba. Semejante punto de vista negaba al creyente la esperanza el rapto inminente.[181]

El tema de los versículos 1-12 es "el día del Señor" (v. 2). Este día, según el Antiguo Testamento y el Nuevo Testamento hacen referencia, incluye la Tribulación, la Segunda Venida, el Milenio, y el juicio del gran trono blanco (cf. Sal. 2:9; Isa. 11:1–12; 13; Joel 2; Amos 5:18; Sof. 3:14–20; et al.).[182]

Algunos pre-milenialistas incluyen el Rapto en El Día del Señor,[183] pero otros lo excluyen.[184] Aquellos que señalan al Rapto como el comienzo de la intervención directa de Dios en la historia

---

[180] Vea Thomas R. Edgar, "Una Exegesis de los pasajes del Rapto," en Issues in Dispensationalism, pp. 207–11.

[181] Hiebert, p. 304. See Renald E. Showers, Maranatha: Our Lord, Come! A Definitive Study of the Rapture of the Church, pp. 223–29, para una amplia discusión exegética de esos versículos que implican un Rapto pre-tribulacional.

[182] Vea Lewis Sperry Chafer, Systematic Theology, 7:110.

[183] E.g., Thomas, pp. 318, 319; Bruce, p. 163.

[184] E.g., John F. Walvoord, The Thessalonian Epistles, p. 73.

de la humanidad otra vez. Ellos además enfatizan que la *parousia* ("venida" o "aparecimiento") se refiere en las Escrituras a la Venida del Señor y a los eventos que siguen a la Venida del Señor. Los que la excluyen lo hacen por dos razones. El Rapto es un evento que tiene que ver con la iglesia mientras que La Venida del Señor es un evento que tiene que ver con Israel, y el comienzo de ese día continúa a las setenta semanas de Daniel. La semana setenta de Daniel (Dan. 9:27). Yo concuerdo con el segundo punto de vista. Mientras que el término *parousia* es relacionado con el rapto y con los diferentes eventos que lo siguen, el término "el Día del Señor" parece más claramente definido Con la Segunda Venida en Las Escrituras y en ninguna parte específicamente incluye el Rapto.

> Este gran contraste de actitudes hacia el principio del juicio del Día del Señor y el Rapto [en estos versículos] es otro indicador que el Rapto no es el principio ni ninguna fase del Día del Señor. Más bien, este será un evento separado. Por lo tanto, La referencia de Pablo acerca de Día del Señor en 2 Tesalonicenses 2:2 no es una referencia al Rapto.[185]

2:3–4

Pablo explicó que hay tres eventos que deben tener lugar antes del que los juicios del Día del Señor comiencen. Estos eran, la apostasía (v. 3), la incredulidad del hombre de pecado (vv. 3-4, 8), y que se remueva a lo que detiene a la desobediencia (vv. 6-7). El apóstol los presenta en un orden lógico y no en un orden cronológico en este pasaje. La palabra "primero" se refiere principalmente al hecho de que la apostasía ocurrirá en el mismo comienzo del Día del Señor, y antes de la revelación del hombre de pecado.[186]

---

[185] Showers, p. 66.
[186] Thomas, pp. 320-21; idem, Evangelical Hermeneutics, pp. 72–75.

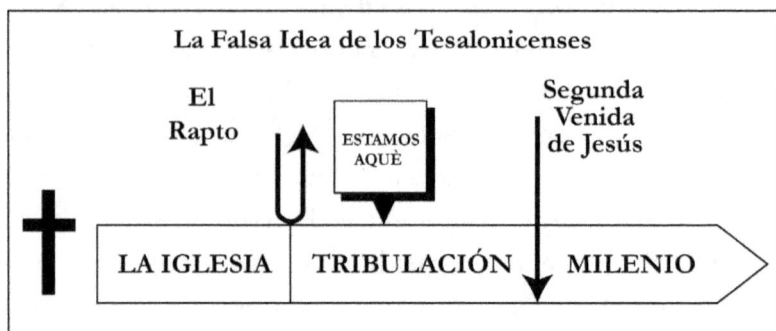

La Falsa Idea de los Tesalonicenses

El Rapto — ESTAMOS AQUÈ — Segunda Venida de Jesús

LA IGLESIA | TRIBULACIÓN | MILENIO

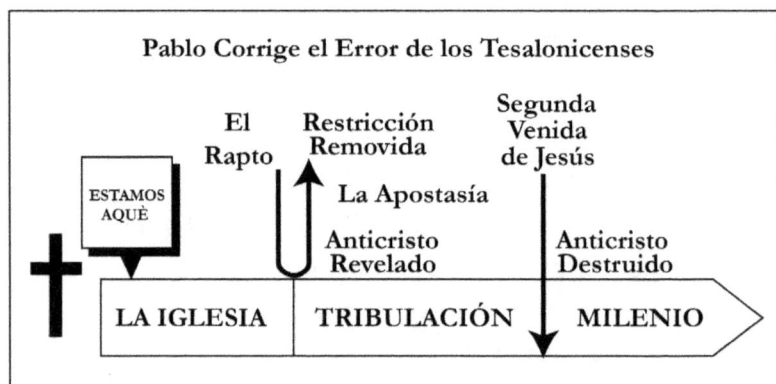

Pablo Corrige el Error de los Tesalonicenses

ESTAMOS AQUÈ

El Rapto — Restricción Removida — Segunda Venida de Jesús

La Apostasía

Anticristo Revelado — Anticristo Destruido

LA IGLESIA | TRIBULACIÓN | MILENIO

El evento mayor es "la apostasía" (v. 3, lit. la rebelión). La palabra "apostasía" es la transliteración de la palabra Griega *apostasia*. Por definición la apostasía es la separación o le abandono de una posición adoptada con anterioridad (cf. Josué. 22:22 LXX; Hechos 21:21).

> En el griego clásico, la palabra *apostasia* denota una rebelión política o militar; Pero en el Antiguo Testamento griego encontramos que se lo usa para describir una rebelión contra Dios (e.g. Jos. xxii. 22), y se la ha tomado como la interpretación bíblica. El pensamiento de Pablo es que en los últimos tiempos

habrá una impresionante manifestación de los pode-
res del mal enfilados contra Dios.[187]

Aparentemente Pablo se refiere aquí al abandono de la fe
cristiana de los profesantes (no genuinos) cristianos justo antes
del Rapto, al comienzo del Día del Señor. Esta no es la misma
apostasía de la que él y otros apóstoles hablaron en algunas otras
partes, cuando advirtieron del abandono de la fe cristiana *antes*
del Rapto (1 Tim. 4:1–3; 2 Tim. 4:3–4; Santiago 5:1–8; 2 Ped. 2;
3:3–6; Judas).

> . . . aparentemente la apostasía que Pablo tenía en
> mente se extendía a la expectación apocalíptica judía
> que preveía una dramática y culminante separación
> de la adoración del verdadero Dios (por parte tanto
> de los judíos, como también de la iglesia cristiana)
> como parte de la complejidad de los eventos del fin
> de los días[188]

Semejante abandono había empezado ya en los días de Pablo
(1 Tim. 4:1–3; 2 Tim. 4:3–4; Stg. 5:1–8; 2 Ped. 2; 3:3–6; Judas).
Sin embargo no han alcanzado las proporciones pronosticadas
que caracterizarán "la apostasía" acerca de la cual Pablo había
instruido a sus lectores cuando estuvo con ellos (cf. v. 5). Cuando
el rapto tome lugar y todo verdadero cristiano deje la tierra, esta
apostasía agobiará a la raza humana.

Este movimiento mundial anti-Dios será tan universal que merecerá para sí una designación especial: "*la*

---

[187] Morris, The Epistles . . ., p. 126.
[188] Martin, p. 234. La parte de la iglesia cristiana en la óptica de Pablo fueron
los cristianos no genuinos que componían la cristiandad. "La cristiandad"
se refiere a todos los cristianos profesantes, genuinos y no genuinos.

apostasía"—i.e., el clímax de las crecientes tenden-
cias apóstatas se harán evidentes antes del rapto de
la iglesia.[189]

Aparentemente es más probable según el contexto que un abandono de las bases del orden civil es
observado. Está no es únicamente una rebelión en
contra de la ley de Moisés; esta es una revuelta a gran
escala en contra del orden público, y ya que el orden
público es custodiado por "las autoridades gobernantes" quienes "han sido colocadas por Dios" un
ataque a estas es un ataque en contra de las disposi-
ciones divinas (Rom. 13:1, 2). Este es, de hecho, el
concepto completo de la autoridad divina sobre el
mundo sobre el cual se plantea un desafío en "la rebelión" por excelencia.[190]

Algunos pre-tribulacionistas toman una diferente perspectiva. Ellos creen que esta "apostasía" es una referencia al Rapto,
y algunos encuentran apoyo a su punto de vista en la referencia
de Pablo acerca del Rapto (v. 1).[191]

En ninguna otra parte La Escritura habla de Rapto
como "la partida". Una partida denota una acción por
parte del individuo o grupo que parte. Pero el Rapto
no es un acto de partida por parte de los santos. En
el Rapto la iglesia es pasiva, no activa. En el Rapto la

---

[189] Thomas, "2 Thessalonians," p. 322.

[190] Bruce, p. 167. Cf. David A. Hubbard, La segunda epístola a los
Tesalonicenses," in The Wycliffe Bible Commentary, p. 1363.

[191] E.g., E. Schuyler English, Re-Thinking the Rapture, pp. 67–71; John R.
Rice, The Coming Kingdom of Christ, p. 188-91; Kenneth S. Wuest,
Prophetic Light in the Present Darkness, pp. 38–41.

iglesia es "levantada" o "rápidamente alejada", es un evento en el que el Señor actúa para transportar a los creyentes desde la tierra hasta Su presencia (1 Tes. 4:16-17). Todo lo que sucede con los creyentes en el Rapto es iniciado por el Señor y hecho por Él. Hace poco Pablo se ha referido al Rapto como 'nuestra reunión con Él' (v. 1); ¿Para qué entonces él usaría este término incierto para significar la misma cosa?[192]

Otra evidencia mayor, en adición a "la apostasía", es la manifestación de "el hombre de maldad" (v. 3). Es una persona aún por aparecer quien será completamente sin ley y a quien Dios condenará a la destrucción eterna. El profeta Daniel escribió de semejante persona. Él hará un pacto con los judíos pero entonces lo romperá después de tres años y medio (Dan. 9:27). El rompimiento de ese pacto parece ser el evento que desenmascara a aquel individuo en lo que en verdad es, el adversario de Cristo. Eventualmente buscará que todos lo adoren y lo reconozcan como Dios (cf. Apc. 13:5–8). La referencia a él sentándose en el templo de Dios (v. 4) podría figurativamente representarlo como tomando la más alta posición posible. Más probablemente es literal en cuyo caso el templo material de Dios estará ya en Jerusalén durante la segunda mita de la Tribulación, por lo menos, según el punto de vista de (cf. Dan. 11:36).[193] Esta persona, el anticristo, todavía no

---

[192] Hiebert, p. 306.

[193] Ver John F. Walvoord, ¿"Construirá Israel un templo en Jerusalén?" Bibliotheca Sacra 125:498 (Abril-Junio 1968):99–106; Thomas S. McCall, ¿"Qué Tan Pronto El Templo De La Tribulación?" Biblio-theca Sacra 128:512 (October-December 1971):341–51; idem, "Pro-blemas en la reconstrucción del Templo de la Tribulación," Bibliot-heca Sacra 139:513 (January-March 1972):75–80; Bruce, p. 169. Los amilenialistas, quienes no creen en un reino futuro de Cristo sobre la presente tierra, toman a este templo como aquel que estuvo en Jerusa-lén cuando Pablo escribió esta epístola (e.g., Wanamaker, p. 246).

había aparecido cuando Pablo escribió, y todavía no ha aparecido todavía (cf. 1 Juan 2:18).[194]

> En el 40 D.C, solo unos pocos años antes de que Pablo escriba esta carta, Gaius César (Calígula), quien había declarado su propia divinidad, intentó poner su imagen en el Lugar Santísimo en Jerusalén.[195]

2:5

Pablo les recuerda a sus lectores que ya les había hablado de estas cosas cuando estaba con ellos. Puesto que Pablo estuvo en Tesalónica unas pocas semanas, esta referencia es muy significativa. Pablo no consideraba la profecía como muy profunda, o sin importancia o controversial aún para creyentes nuevos. Muchos cristianos hoy en día desmerecen la importancia de esta parte de la revelación de Dios. Pablo creía que las verdades proféticas eran una parte vital del completo consejo de Dios y esencial para todo cristiano victorioso viviente. Consecuentemente lo enseñó sin vacilaciones ni disculpas. Deberíamos hacer lo mismo.

B. El misterio de desobediencia 2:6–12

Pablo continúa su instrucción concerniente a los eventos que deberían tomar lugar al comienzo del Día del Señor remarcando la desobediencia de ese período. Su propósito era el de explicar claramente de modo que sus lectores no sean dejados en el Rapto y que no entren en el Día del Señor.

2:6

Cuando Pablo estaba con ellos les había dicho a los tesalonicenses qué era lo que evitaba que se manifieste el hombre de pecado (i.e., Anticristo, v. 3; cf. 1 John 2:18). Sin embargo, no destacó aquí la

---

[194] See the excursus on Antichrist in ibid., pp. 179–88.

[195] Martin, p. 237.

identidad de aquel que lo detiene. No obstante parece que el punto de vista es que el Espíritu Santo es la influencia que lo refrena.[196]

> Para alguien familiarizado con el discurso del Señor Jesús en el aposento alto, como Pablo lo era indudablemente, la fluctuación entre el neutro y el masculino determina cómo se habla del Espíritu Santo. Cualquier género es apropiado, dependiendo si el portavoz (o escritor) piensa que es de uso natural (masc. por causa de la personalidad del Espíritu) o gramatical (neutro por causa del nombre [neutro] *pneuma*; vea Juan 14:26; 15:26; 16:13, 14)...[197]

Los Post-tribulacionistas, y algunos pre-tribulacionistas, han sugerido otras posibilidades. Estos incluyen al imperio romano[198] o al emperador,[199] Dios,[200] Anticristo, Satanás, el gobierno humano.[201] Estos no encajan con la descripción de Pablo.[202] Marvin Rosenthal, un convencido del "rapto pre-ira", cree que el que lo detiene es Miguel el Arcángel.[203]

---

[196] See Gerald B. Stanton, Kept from the Hour, pp. 92–107, para una discusión amplia.

[197] Thomas, "2 Thessalonians," p. 324.

[198] William Barclay, The Letters to the Philippians, Colossians and Thessalonians, p. 247.

[199] Wanamaker, p. 256.

[200] George E. Ladd, The Blessed Hope, p. 95.

[201] Bruce, pp. 171–72; Hubbard, p. 1364; Morris, The Epistles . . ., p. 129. Ibid, p. 130, admite que no conoce realmente la identidad de aquel que no detine.

[202] Para refutar estos puntos de vista, vea post-tribulacionistas Robert H. Gundry, The Church and the Tribulation, pp. 122–25.

[203] Marvin Rosenthal, The Pre-Wrath Rapture of the Church, pp. 257–61. See John A. McLean, "Another Look at Rosenthal's 'Pre-Wrath Rapture,'" Bibliotheca Sacra 148:592 (October-December 1991):395–96; Renald E. Showers, The Pre-Wrath Rapture View: An Examination and Critique.

El Espíritu Santo cumple con Su ministerio de detener
la maldad en el mundo mayormente mediante la influencia de
los cristianos en los que Él mora, y particularmente mediante la
predicación del Evangelio.[204]

> Una de las características distintivas de la
> Dispensación de la Gracia en contraste con el perío-
> do previo es el hecho de que el Espíritu Santo mora
> en todo aquel que es regenerado. En el período por
> venir del reino sobre la tierra esta bendición divi-
> na también será una característica distintiva y todo
> aquel que es salvo será morada del Espíritu Santo.

> Hay solo una pequeña evidencia de que los crey-
> entes serán morada del Espíritu Santo durante la
> Tribulación. La posibilidad de un morar univer-
> sal de Espíritu en todos los creyentes se opone
> a la enseñanza dada en 2 Tesalonicenses 2:7, que
> aquel que detiene el pecado en el mundo, i.e., el
> Espíritu Santo, será 'quitado de en medio' duran-
> te la Tribulación. La libertad del mal caracteriza
> a la Tribulación, aunque la falta de refrenamiento
> no es total (cf. Apc. 7:2; 12:6, 14–16). El Espíritu
> Santo morando y presente en los santos en sí mis-
> mo contribuiría a refrenar el pecado, y este, por
> lo tanto, es quitado de en medio. El periodo de la
> Tribulación, también, aparentemente vuelve a las
> condiciones del Antiguo Testamento; y en el perio-
> do del Antiguo Testamento, los santos nunca fueron
> morada permanentemente con excepción de casos
> muy aislados, aunque un número de eventos de la

---

[204] See Charles E. Powell, "The Identity of the 'Restrainer' in 2 Thessalonians
2:6–7," Bibliotheca Sacra 154:615 (July-September 1997):329.

llenura del Espíritu y el fortalecimiento para deter-
minado servicio son observados. Tomando todos
los factores en consideración, no hay evidencia de
la morada del Espíritu Santo en los creyentes en el
período de la Tribulación".[205]

2:7

El "misterio" (una verdad no revelada previamente pero dada a
conocer en la actualidad) Pablo se refiere aquí a la revelación de
un clímax futuro de impiedad que seguirá al momento en que Él
que lo detiene sea tomado. Este movimiento de impiedad ya estaba
en vigencia en los días de Pablo, pero Dios lo estaba deteniendo
hasta Su momento señalado. Entonces Él removerá a Aquel que lo
detiene. Esta es probablemente una referencia al Rapto cuando la
restricción de Dios sobre el mal a través de Su pueblo sea quitada
cuando Él los remueva de sobre la Tierra.[206] Dios quitará al Espíritu
Santo de la Tierra en el sentido de que Dios quitará a aquellos en
quienes el Espíritu Santo mora. Él no abandonará completamente
la tierra, por supuesto, ya que Dios es omnipresente.

Gundry creía que el que lo detiene es el Espíritu Santo
pero que Su ministerio era el de detener la maldad, aparte de Su
influencia sobre los cristianos que es lo que está a la vista aquí.[207]
Su conclusión se basa en el hecho de que cree que el Espíritu
Santo morará permanente en los creyentes desde Pentecostés.

---

[205] John F. Walvoord, The Holy Spirit, pp. 151, 230. Cf. Thomas, "2
Thessalonians," p. 325; Charles C. Ryrie, First and Second Thessalonians,
p. 113. Muchos intérpretes usan la ausencia de una revelación específica
acerca de la morada del Espíritu durante la Tribulación para su ventaja.
Algunos (e.g., dispensacionalistas normativos) creen que el silencio arguya
a favor de la no-morada. Otros (e.g., dispensacionalistas progresivos) creen
que esto asume que la morada continúa.

[206] See Theodore H. Epp, "The Restrainer Removed," Good News Broadcaster,
March 1975, pp. 20–22.

[207] Gundry, pp. 125–28.

Aún comparando 1 Corintios 12:13 en donde Pablo dice que el ministerio del bautismo del Espíritu Santo coloca a los creyentes dentro del "Cuerpo" de Cristo. El Cuerpo de Cristo es un término que siempre describe a la iglesia que comenzó en el día de Pentecostés y que irá al cielo en el Rapto. Para el cristiano, se convierte en morada del Espíritu en el mismo momento en que toma lugar el bautismo del Espíritu, es decir, en el momento de la regeneración. En vista de que a la gente a la que Dios justificará durante la Tribulación no experimentará el bautismo en el cuerpo de Cristo, está injustificado asumir que el Espíritu morará permanentemente en ellos. El cuerpo de Cristo estará en el cielo y ya no en la tierra para ese entonces.

> Puesto que la remoción de El que lo detiene toma lugar
> antes de la manifestación del hombre de pecado, esta
> identificación implica un Rapto pre-tribulacional.[208]

2:8

Después del Rapto el hombre de pecado tendrá gran libertad. El hará cosas que eventualmente lo identificarán como el Anticristo. Sin embargo el mero hálito de la boca del Señor Jesucristo lo matará cuando Cristo venga con Sus santos en Su segunda venida (1:10). La "manifestación" del Señor (Gr. *epiphaneia*) es un diferente y posterior evento en Su "venida" (Gr. *parousia*) en relación con el evento de la "reunión" (Gr. *episynagoges*) (v. 1). El primer evento es el Rapto, y el segundo es Su segunda venida.

2:9–10

El hombre de maldad será un instrumento de Satanás.[209] Satanás le dará poder para engañar a mucha gente que creerá que él es

---

[208] Hiebert, p. 313.

[209] Las escrituras también lo llaman la bestia que sale del océano (Rev. 13:1-10), la bestia de color escarlata (Rev. 17:3), y simplemente la bestia (Rev. 17:8, 16; 19:19–20; 20:10).

Dios mediante la manifestación de impresionantes y poderosos milagros (cf. Apc. 13:2–4; 17:8).

El uso de *parousia* aquí probablemente sugiere una parodia de la Parousia de Cristo (v 8).[210]

2:11–12

Miles de personas, que son solo una pequeña proporción de la población, comienzan su fe en Cristo Jesús durante la Tribulación (Apc. 6:9–11; 7:4, 9–17; et al.). Algunos interpretes han concluido de los versículos (vv. 11–12) que ninguno que haya escuchado el Evangelio y lo haya rechazado antes del Rapto podrá ser salvo durante la Tribulación. Este punto de vista se apoya en los antecedentes de "a ellos" y "ellos" como "aquellos que se pierden" (v. 10) e interpretando "aquellos que se pierden" como aquellos pero que rechazaron el evangelio antes del Rapto. Sin embargo más probablemente parece que ese verso 10 describe a todos los incrédulos en la Tribulación, no solamente a aquellos que escucharon y rechazaron el evangelio antes del Rapto. El poder de Satanás, señales, maravillas, y engaño maligno (vv. 9–10) impresionará a la gente viva sobre la tierra durante la Tribulación. Pablo podría decir que esas personas no reciben "el amor de la verdad para ser salvados" (v. 10) y ellos "no creyeron a la verdad, sino que se complacieron en la injusticia" (v. 12). Él podría hacerlo así ya que estas frases describen a todos los no creyentes, No solamente aquellos que escucharon el evangelio y voluntariamente lo rechazaron antes del Rapto (cf. Juan 3:19, Rom. 1:24–32).[211]

---

[210] Bruce, p. 173.
[211] See Larry R. Thornton, "Salvation in the Tribulation in Light of God's 'Working unto Delusion'," *Calvary Baptist Theological Journal* 3:2 (Fall 1987):26–49.

Para "la mentira ['lo que es falso']" aparentemente significa el negar la verdad fundamental de que Dios es
Dios; es el rechazo Su auto-revelación como Creador
y Salvador, Justo y Misericordioso, Juez de todo; que
conduce a la adoración que se debe ofrecer a Él solamente, hacia otro, como es el hombre de maldad.[212]

Este es un pensamiento solemne que cuando los
hombres comienzan a rechazar el bien ellos inevita-
blemente terminan siguiendo al mal.[213]

¿Si Pablo quería corregir las conclusiones erróneas de los
tesalonicenses de que ellos estaban en el Día del Señor, por qué
no solamente les dijo que el Rapto todavía no ha tenido lugar?
Evidentemente no lo hizo porque quería re enfatizar en el orden
de los eventos resultando en la culminación y destrucción de la
maldad en el mundo. La maldad era la preocupación de ellos.

Los lectores de Pablo podrían, por lo tanto, estar confiados
de que el Día del Señor todavía no había empezado. Las tribula-
ciones que ellos estaban experimentando no eran aquellas del Día
del Señor acerca de las cuales Pablo les había enseñado cuando
estaba con ellos. Además, tres eventos pre establecidos no habían
tomado lugar todavía. Estos eran el abandono de la Palabra de
Dios por muchos (v. 3), que sea quitado Aquel que detiene el mal
en el Rapto (v. 7), y la revelación del hombre de maldad, Anticristo
(v. 3).[214] Este es el orden cronológico de los eventos.

---

[212] Bruce, p. 174.

[213] Morris, The Epistles . . ., p. 134.

[214] Para un útil sumario de la interpretación post-tribulacional de estos
versículos, vea John F. Walvoord, The Blessed Hope and the Tribulation,
chapter 10: "Is the Tribulation Before the Rapture in 2 Thessalonians?"

IV. Acción de gracias y oración 2:13–17

Pablo procedió a dar gracias por la salvación de sus lectores y a orar por la constancia de ellos, para ayudarles a apreciar su posición segura sosteniendo firmemente la enseñanza apostólica. Estos versículos forman una transición entre las secciones didáctica y exhortatoria de la epístola.

A. Acción de gracias por el llamado 2:13–15

2:13

En contraste con los incrédulos malvados referidos hace poco en (v. 12), Pablo estaba reconocido que siempre podría dar gracias por sus lectores. Es más, así lo hizo.[215] La razón de su gozo fue la elección de Dios para ellos para salvación antes de que creara el mundo ("el comienzo", v. 13; cf. Efe. 1:4). Considerando que Dios ama a toda la gente (Juan 3:16), Él no eligió a todos para salvación. Pablo consistentemente enseñó lo que el resto de la Escritura revela, a saber, que la iniciativa en la salvación viene de Dios, no del hombre. Dios cumple con la salvación a través del trabajo santificador del Espíritu Santo (cf. Rom. 15:16; 1 Cor. 6:11-12; 1 Tes. 4:7–8; 1 Ped. 1:2).[216] Él lo hace efectivo cuando los individuos creen en el evangelio. Aun cuando los no creyentes se nos oponen, nosotros podemos tomar coraje porque Dios nos ama, y Él nos librará.

> Es una parodia de la elección por gracia de Dios suponer que, debido a que Él eligió a algunos para

---

[215] See my comments on 1:3.

[216] Cf. Ernest Best, *A Commentary on the First and Second Epistles to the Thessalonians*, pp. 314-15.

salvación, todos los otros por lo tanto están consignados para perdición. Por el contrario, si algunos son elegidos para una bendición especial, esto es porque otros pueden ser bendecidos a través de ellos y con ellos. Éste es un rasgo constante en el modelo de elección divina a lo largo de la historia de la Biblia, desde Abraham en adelante. Aquellos que son elegidos constituyen las primicias, sosteniendo la promesa de una cosecha abundante por venir.[217]

2:14

El propósito de Dios al elegir a los tesalonicenses era que ellos puedan un día compartir el esplendor y honor que su Señor proyecta y que lo disfrutaran, comenzando en el Rapto. La glorificación final está a la vista (cf. Rom. 8:30).

2:15

En vista de la elección, Pablo insistió a sus lectores lo que él y sus colaboradores les han enseñado en persona y por carta. Quería que ellos sostengan firmemente las instrucciones inspiradas que él mismo les había entregado (i.e., "las tradiciones").

> Casi nos convencen incurablemente que el uso de cuadernos es esencial para el proceso de aprendizaje. Sin embargo, este no era el caso en el primer siglo. En aquel tiempo se entendía que si un hombre tenía que ver algo en un cuaderno, realmente no sabía de este tema. El verdadero estudiante era una persona que había colocado en la memoria las cosas que ha aprendido. Hasta que un hombre tuviera una en-

---

[217] Bruce, p. 191. Bruce no creía en la salvación universal de todas las personas, así que él debe de haber querido decir que la bendicion que el perdido recibe debido al elegido es temporal en lugar de eterna..

señanza en su memoria realmente no se consideraba que él la había dominado.[218]

Existe una distinción en los escritos paulinos entre el evangelio recibido por revelación (como en Gal 1:12) y el evangelio recibido por tradición (como en 1 Cor. 15:3), y el lenguaje de *didache* ["enseñanza"] y *paradosis* ["tradiciones"] Corresponde más con el último, no con el anterior. Aún comunicados hechos *dia pneumatos* ["por el Espíritu"] deben ser probados por su conformidad a el *paradosis* y si tienen divergencias con este deben ser rechazados (cf. 1 Tes. 5:19-22).[219]

B. Oración por fortaleza 2:16–17

Como parte de un puente entre sus instrucciones (2:1–12) y exhortaciones (3:1–15), Pablo incluyó esta oración para los tesalonicenses. Pidió a Dios por estímulo y fortaleza para ellos (cf. 1 Tes. 3:2, 13; 2 Tes. 3:3).

Dirigiendo sus oraciones a las dos primeras personas de la Trinidad, Pablo nombra al Hijo antes que al Padre (contra 1 Tes. 3:11), Probablemente en concordancia con el mérito del Hijo de igual honor con el Padre y su especial prominencia en el énfasis de este capítulo acerca de la futura salvación y gloria.[220]

La gracia de Dios es la base para un estímulo eterno ante el dolor temporal. Nuestra esperanza es beneficiosa porque nos motiva vivir a la luz del retorno de nuestro Salvador victorioso.

---

[218] Leon Morris, The Gospel According to John: Revised Edition, pp. 38-39.
[219] Bruce, pp. 193-94.
[220] Thomas, "2 Thessalonians," p. 330.

La frase "buena esperanza" era usada por escritores no cristianos para referirse a la vida después de la muerte.[221]

Los tesalonicenses necesitaban de un ánimo confortante en vista de la reciente ansiedad que los falsos maestros producían. También necesitaban la gracia de Dios que les permita permanecer firmes y hacer todo como lo hacía el Señor (cf. 3:7–13). Además, ellos lo necesitaban ya que ellos continuaban anunciando el evangelio.

---

[221] Martin, p. 259.

V. Exhortaciones para futuro crecimiento 3:1–15

A. Oración recíproca 3:1–5

Paul pidió las oraciones de sus lectores y los aseguró de sus oraciones para ellos para fortalecer sus lazos mutuos en Cristo y en el evangelio.

1. Oración por los misioneros 3:1–2

3:1

"Finalmente" introduce la última sección mayor de la epístola. Y como era con frecuencia su costumbre, Pablo primeramente exhortaba a sus lectores a orar (1 Tim. 2:1–2; cf. 1 Tes. 5:25; et al.). Él se dio cuenta que Dios obra en respuesta a las peticiones de Su pueblo. No orar significa no recibir las bendiciones de Dios (Santiago 4:2). ·Específicamente, Pablo le pidió a los tesalonicenses que le pidieran a Dios facilitar la diseminación rápida y amplia del evangelio y así glorificar Su Palabra. Los lectores de Pablo habían visto a Dios haciendo esto en su propio medio cuando Pablo y sus compañeros de misión visitaron por primera vez su ciudad.

3:2

También Pablo deseaba que Dios concediera a él y a sus colegas protección de los irrazonables y dañinos no creyentes quienes buscaban limitar el despliegue del evangelio. Este es el lado negativo del anterior pedido positivo. Oponerse al anuncio del evangelio no es un comportamiento razonable ya que el evangelio trae vida espiritual a los que están muertos en pecado. Estos hombre eran probablemente los judíos no creyentes que se le oponían a Pablo en Corinto (cf. Hec. 18:5–6, 12–13).

Hay algo profundamente conmovedor en la enseñanza de este gigante entre los hombres al pedir
las oraciones de los tesalonicenses quienes muy bien
reconocían sus propias debilidades. En ninguna otra
parte se puede ver más claramente la humildad de
Pablo. Y el hecho de que él, como fue, se colocó en
sus corazones, y debe haber hecho mucho para atar
incluso a sus oponentes a él, porque es muy difícil
detestar a un hombre que te pide que ores por él.[222]

2. Oración por los tesalonicenses 3:3–5

3:3

Pablo estaba confiado que Dios proveería de fortaleza y protección
para los tesalonicenses en vista de Sus promesas de proveer para
los suyos.

3:4

También estaba confiando en que sus lectores, fortalecidos por el
Señor, continuarían siguiendo las instrucciones apostólicas como
lo habían hecho en el pasado. Pablo tenía confianza en estos
cristianos. Note la bien organizada estructura del pensamiento
de Pablo en los versículos 1–4.

3:5

El oró para que Dios les diera a esos hermanos y hermanas una
mayor apreciación del amor de Dios para ellos y de la tenacidad
de Cristo en medio de Sus aflicciones terrenales.[223] Él quiso esto
de manera que el amor y paciente espera de ellos pueda aumentar
(cf. 1 Cron. 29:18; 2 Cron. 12:14).

---

[222] Barclay, p. 250.
[223] Wanamaker, p. 279.

Un comportamiento cristiano consistente puede provenir solamente de un genuino compromiso interno.[224]

B. Disciplina en la iglesia 3:6–15

Las falsas enseñanzas que habían entrado en la iglesia produjeron un comportamiento inapropiado en algunos. Pablo escribió qué hacer en esta situación para guiar a los tesalonicenses a volver a un comportamiento apropiado, como también a sus creencias, y volver a lo que está en conformidad con la voluntad de Dios. Tan importante como esto, es el identificar la causa y la naturaleza del problema de comportamiento mencionado en vv. 6–15, no deberíamos ignorar que nuestro pasaje comienza (v. 6) y termina (vv. 14–15) con exhortaciones, no al ocioso sino para el resto de la iglesia. La amonestación está dirigida directamente a aquellos cristianos quienes estaban viviendo impropiamente (v. 12) esto es, de hecho, más bien un informe.[225]

1. Conducta desordenada 3:6–10

3:6

Pablo introduce las palabras que siguen para ayudar a sus lectores a darse cuenta que la obediencia era esencial. Este era el mandamiento dado con la completa autoridad del Señor Jesucristo. La fiel mayoría en la iglesia debía separarse, probablemente individualmente y socialmente, de los desobedientes para alertar a los ofensores sobre el hecho de que su comportamiento no era aceptable. El resultado deseado era que ellos se arrepentieran. Pablo había advertido a aquéllos que estaban ociosos antes (1 Tes. 5:14), pero evidentemente ellos no habían reaccionado. Medidas

---

[224] Martin, p. 269.
[225] Ibid., p. 271.

firmes eran necesarias ahora (cf. Mat. 18:15–17). Los ofensores constituían una minoría quienes vivían vidas indisciplinadas contrarias a la enseñanza y ejemplo de los misioneros.

> La tradición a la que se refiere Pablo tiene un carácter doble, como los vv. 7–12 indican. En vv. 7–9 el apóstol elabora sobre su ejemplo y el ejemplo de sus colegas, una guía de conducta responsable para sus convertidos. Las palabras introductorias del v. 7 revelan que su conducta y la de sus compañeros misioneros tenían el carácter normativo de una tradición recibida. Además, como algo natural, Pablo emitió instrucciones éticas para los nuevos convertidos con el fin de regular sus conductas como cristianos. En v. 10 el cita la tradición específica concerniente al trabajo.[226]

3:7–9

Evidentemente algunos en la iglesia no estaban trabajando para mantenerse a sí mismos y estaban viviendo de la caridad de los hermanos. En tesalónica, como en todas partes, Pablo y sus compañeros algunas veces se sustentaban a sí mismos "haciendo tiendas" para dar a sus convertidos un ejemplo de una vida cristiana responsable (cf. 1 Cor. 9:3–14; 1 Tim. 5:18). Ellos tenían el derecho de recibir un apoyo monetario como pago por su ministerio espiritual (Gal. 6:6), pero con frecuencia renunciaron a este derecho debido a las grandes necesidades de sus convertidos.

3:10

Pablo les recuerda a sus lectores aquella bien conocida instrucción que frecuentemente les repetía cuando estaba con ellos. Si alguno se rehusaba a trabajar, sus hermanos y hermanas no

---

[226] Wanamaker, pp. 282–83.

deberían proveer para él.[227] El perezoso en este caso no debe ser un imposibilitado para trabajar, sino más bien el que no tiene la voluntad de trabajar.

2. Instrucciones acerca de los ociosos 3:11–13

3:11

La enseñanza de que Cristo podría regresar en cualquier momento había conducido a algunos creyentes a la ociosidad. Ellos habían abandonado sus trabajos y estaba simplemente esperando por el regreso del Señor. Esta interpretación parece justificada y es ciertamente consistente con la vida. Deducciones similares habían guiado a otros cristianos a hacer lo mismo en algunas otras ocasiones a través de la historia de la iglesia. Cuando la gente no está ocupada en sus propios trabajos podrían tender a entrometerse en los asuntos de otros. Podrían convertirse en entrometidos en lugar de atareados, descuidando sus propios negocios para molestar los de otros, incluso incomodando los negocios de todos los demás dejando los suyos propios.

3:12–13

Pablo manda a los ociosos a establecerse y a proveer para sí mismos (cf. 1 Tes. 4:11; Gen. 3:19). A la obediente mayoría les aconsejaba resistir en sus crecientes aflicciones pacientemente y a continuar haciendo lo correcto.

> "Con quietud", enfática por su anterior posición [en el texto griego], apunta a la calidad de la mente que será asociada con su funcionamiento. Esto denota una condición de paz interior y tranquilidad refleján-

---

[227] Robertson, 4:59, cree que este fue un proverbio judío basado en Gen. 3:19a: "Comerás el pan con el sudor de tu frente."

dose a sí misma en una calma externa; es lo contrario de una actitud melindrosa como los entrometidos.[228]

La conducta ejemplar sirve como una reprimenda constante a los malhechores y es un incentivo para volverse de su delincuencia.[229]

¿Por qué estos tesalonicenses no estaban trabajando? La respuesta está probablemente en la frase "tranquilamente".

La raíz del problema era probablemente su ansiedad. La enseñanza de la cercanía de la Parousia los había conducido a un sacudón, y esto había conducido a la no bienvenida consecuencia de que su ociosidad era un rasgo excelente.[230]

Esta cláusula, "en quietud", ". . . debe ser entendida como el opuesto a. . . la excitación febril de la mente estimulada por la creencia que la *Parousia* estaba a la mano. . ."[231]

Se puede ver aparentemente, que esos ociosos cristianos creían en la inminente venida de Cristo; sin embargo, habían concluido erróneamente que "inminente" es igual que "pronta". Así, en lugar de creer que Cristo *pudiera* venir pronto, se convencieron que Él *vendría* definitivamente pronto, y en consecuencia el trabajo ya no era necesario para ellos.

¿Por qué los tesalonicenses cristianos creían en la inminente venida de Cristo? Debe haber sido porque habían sido enseñados acerca de la inminente venida

---

[228] Hiebert, p. 347.
[229] Thomas, "2 Thessalonians," p. 335.
[230] Morris, The First . . ., p. 256.
[231] Frame, p. 307.

de Cristo por una persona en cuya autoridad ellos confiaban. Aparentemente Pablo fue aquel que les enseño acerca de la venida inminente de Cristo. Su reacción negativa a aquellas acciones, sin embargo, implican que aquella conducta equivocada era el resultado de una perversión de su enseñanza (cp. vv. 6, 10). Contrario a ellos, Pablo no asociaba "inminente" con "pronta" para pensar, por lo tanto, que trabajar era innecesario.[232]

3. Futura disciplina para impenitentes 3:14–15

3:14

Negligencia para abandonar un estilo de vida ocioso después de haber recibido extensas advertencias en esta epístola resultarían en un ostracismo creciente (cf. Rom. 16:17; 1 Cor. 5:9, 11; Tito 3:10–11). Esta disciplina debería, seguramente, avergonzar al ofensor y cambiar su comportamiento.

> . . . permitir al creyente persistir en un descarado no-cristianismo, explotador, y disociador comportamiento no es bondad-ni a la iglesia, ni al creyente equivocado, ni tampoco al público no creyente que observa.[233]

Pablo pone la presión social para un buen uso aquí. Es lamentable que en nuestros días la presión social con frecuencia tenga muy poca influencia sobre nuestros hermanos que erran. En lugar de someterse a la disciplina de la iglesia algunos cristianos simplemente se cambian de iglesia. Podrían ser necesarias fuertes

---

[232] Showers, Maranatha . . ., p. 134. Vea también la discusión de Stanton acerca de la inminencia, pp. 108-37.

[233] Martin, p. 285.

medidas en algunos casos de modo que el ofensor sienta que necesita arrepentirse y vivir en armonía con la voluntad de Dios.

> El tratamiento para semejante hombre es retirarse de una comunión cercana con él. . . . esto [el verbo griego *sunanamignusthai*] significa literalmente, "NO" se mezclen ustedes mismos con ellos.[234]

3:15

Sin embargo Pablo advirtió contra la exageración. La iglesia debería siempre tratar al ofensor como a un hermano, no como a un enemigo. Nosotros advertimos a los hermanos, solo a los enemigos denunciamos y condenamos. El objetivo de toda disciplina en la iglesia debe ser arrepentimiento seguido de restauración.[235]

> Esta situación es diferente a la que afrontaba en Corinto, en la que alguno llamado hermano (*ean tis adelphos onomazomenos* . . .) vive y actúa de tal manera que desdice de su profesión cristiana; esa persona debe ser tratada como un no creyente, sin el derecho a los privilegios de la comunión cristiana (1 Cor. 5:11).[236]

---

[234] Morris, *The Epistles* . . ., p. 149.

[235] See J. Carl Laney, "The Biblical Practice of Church Discipline," *Bibliotheca Sacra* 143:572 (October-December 1986):353–64; and Ted G. Kitchens, "Perimeters of Corrective Church Discipline," *Bibliotheca Sacra* 148:590 (April-June 1991):201–13.

[236] Bruce, p. 210.

VI. Conclusión 3:16–18

Pablo concluye esta epístola con un énfasis en la unidad de la iglesia para motivar a sus lectores a solucionar sus problemas y restablecer las condiciones de paz que glorifican a Dios.

3:16

Concluyó con dos oraciones más, su cuarta y quinta (v. 18) en esta epístola (cf. 1:11–12; 2:16–17; 3:5). Él sabía que sin el trabajo de declaratoria de culpabilidad del Señor sus instrucciones y exhortaciones serían inefectivas. Su mayor preocupación era la paz en la iglesia que solo podía tener lugar si todos los creyentes obedecían la verdad. Dios es la fuente de la paz que una iglesia disfruta en la medida que todos sus miembros se someten humildemente a la voluntad de Dios. La paz es posible aún en medio de la persecución (cf. Juan 16:33).

3:17

En vista de que alguna carta clamaba ser de Pablo, que los tesalonicenses la habían recibido (2:2), el apóstol sintió que era necesario probar que la presente realmente provenía de él. El aumentó palabras de saludos con su propia mano, como generalmente lo hacía, para autentificar sus epístolas en beneficio de sus destinatarios (cf. Gal. 6:11; 1 Cor. 16:21; Col. 4:18). Un amanuense evidentemente escribió el resto de la carta (cf. Rom. 16:22).

> No era cosa extraña en la antigüedad para el que escribía una carta, que después de haber dictado la mayoría de la carta, escribía la última frase o dos con su propia mano. Esta es la mejor explicación para el cambio en la caligrafía al final de muchas cartas

en papiros que han sido preservados. Esta práctica ayudaba a autenticar la carta (para lectores que reconocían la caligrafía del escritor); un propósito más general habría sido que quería hacer que la carta sea más personal que si hubiera sido escrita enteramente por un amanuense.[237]

3:18

La bendición final es la misma que la de 1 Tesalonicenses excepto por la adición de la palabra "todos".

Si alguna consideración teológica va a ser hecha a partir de la inclusión de "todos" es tal vez que Pablo pedía de la gracia de Cristo aún sobe aquellos que no estaban manifestando el modelo cristiano de comportamiento con respecto al trabajo.[238]

La preocupación de Pablo para la paz y unidad de toda la iglesia fue su gran pasión en esta epístola.

---

[237] Ibid., pp. 215–16.
[238] Wanamaker, p. 293.

APÉNDICE
Como Cristo alivia la enemistad entre Dios y hombre
por Jon Minnema

En el principio de nuestras vidas, llegamos pataleando y gritando del vientre, y le alzamos un puño a Dios. La primera epístola del apóstol Pablo a los Colosenses nos dice que fuimos alejados de Dios y fuimos enemigos por nuestro mal comportamiento (Col. 1:21). Aunque pensemos que no reina el mal en nuestras vidas, la Escritura nos aclara todas las inclinaciones de nuestros corazones como malvados. Nuestras vidas se parecen a una lucha con Dios.

Listos para pelear, nos enfrentamos con Dios mismo. Con cada pecado que cometemos, le apuntamos una bala derecho al corazón de Dios. Cada mal acto corre en contra del plan original de Dios para la tierra y la humanidad.

Aquí esta las buenas noticias. Mientras seguíamos como enemigos de Dios, disparándole a él con balas de nuestro mal y pecado, Cristo vino y reconcilió ambos Dios y el hombre. Él nos rescató a través de su muerte en la cruz. Él se convirtió en la paz que detuvo las balas.

A través de la muerte de Jesús, Dios reconcilió a todas las personas de todas razas y naciones para sí mismo. Cuando Dios se convirtió en hombre, él forjó la manera para que todas las personas puedan tener la experiencia de paz con Dios.

Solo Cristo alivia la enemistad entre Dios y hombre. Para recibir esta nueva paz y reconciliarse con Dios, la persona necesita creer en Cristo. Él es la imagen del Dios invisible. Todas las cosas fueron creadas por él y para él (Col. 1:15–16). Cuando aceptamos su muerte en la cruz como pago por nuestros pecados, él nos reconcilia con él mismo. Si creemos esto, podemos dejar de ser enemigos de Dios y podemos comenzar a caminar como hijos de Dios. Cuando le pedimos perdón a Dios, podemos descansar en el hecho de que Dios espera listo para abrazarnos en su gracia y amor.

¿Qué sigue?

> Conocer que Cristo nos hace una nueva creación. "De modo que si alguno está en Cristo, nueva criatura es; las cosas viejas pasaron; he aquí, son hechas nuevas" (2 Cor. 5:17, LBLA).

> Dios perdona nuestros pecados y nos permite un nuevo comienzo. "Bienaventurados aquellos cuyas iniquidades han sido perdonadas, y cuyos pecados han sido cubiertos" (Rom. 4:7, LBLA).

> Él nos da vida eterna. "Porque de tal manera amó Dios al mundo, que dio a su Hijo unigénito, para que todo aquel que cree en El, no se pierda, mas tenga vida eterna" (John 3:16, LBLA).

> Dios nos da gozo indescriptible. "A quien sin haberle visto, le amáis, y a quien ahora no veis, pero creéis en El, y os regocijáis grandemente con gozo inefable y lleno de gloria, obteniendo, como resultado de vuestra fe, la salvación de vuestras almas" (1 Pet. 1:8–9, LBLA).

> Empezamos a hablar con Dios de todos los aspectos de nuestras vidas. Le preguntamos cuales caminos o cuales decisiones debemos de tomar y empezamos a comunicarnos con él hasta los más mínimos detalles de nuestras vidas. Pero no podemos olvidarnos que debemos de es-

cuchar. Dios quiere hablar con nosotros también.

➤ Dios habla con nosotros a través de la Biblia, así que empieza a leer su mensaje para ti. Sitios de web como BibleGateway.com o YouVersion.com ofrecen una variedad de traducciones sin costo alguno. Te recomendamos que comiences con el evangelio de Juan o cualquiera de los otros evangelios para conocer lo que Jesús enseñó durante Su tiempo en la tierra.

➤ Por último, a Authenticity Book House le encantaría oír de tu decisión de seguir a Cristo. Envíanos un correo electrónico a info@abhbooks.com. Nos encantaría orar por ti y celebrar contigo la nueva vida que tienes en Cristo.

BIBLIOGRAFÍA DE 1 TESALONICENSES

Askwith, E. H. "'I' and 'We' in the Thessalonian Epistles". *Expositor.* Series 8:1 (1911):149–59.

Bailey, Mark L., and Thomas L. Constable. *The New Testament Explorer.* Nashville: Word Publishing Co., 1999. Reprinted as *Nelson's New Testament Survey.* Nashville: Thomas Nelson Publishers, 1999.

Barclay, William. *The Letters to the Philippians, Colossians and Thessalonians.* Daily Study Bible series. 2nd ed. and reprint ed. Edinburgh: Saint Andrew Press, 1963.

Baxter, J. Sidlow. *Explore the Book.* 6 vols. London: Marshall, Morgan & Scott, 1965.

Best, Ernest. *A Commentary on the First and Second Epistles to the Thessalonians.* Harper's New Testament Commentaries series. New York: Harper and Row, 1972.

_____. *A Commentary on the First and Second Epistles to the Thessalonians.* Black's New Testament Commentaries series. 2nd ed. London: Black, 1977.

Bicknell, E. J. *The First and Second Epistles to the Thessalonians.* Westminster Commentaries series. London: Methuen, 1932.

Boice, James Montgomery. *The Last and Future World.* Grand Rapids: Zondervan Publishing House, 1974.

Bornkamm, Gunther. *Paul.* Translated by D. M. G. Stalker. New York: Harper, 1971.

Brindle, Wayne A. "Biblical Evidence for the Imminence of the Rapture". *Bibliotheca Sacra* 158:630 (April-June 2001):138–51.

Brookes, James H. "Kept Out of the Hour". *Our Hope* 6 (November 1899):153–57.

Bruce, F. F. *1 and 2 Thessalonians*. Word Biblical Commentary series. Waco: Word Books, 1982.

Chafer, Lewis Sperry. *Systematic Theology*. 8 vols. Dallas: Dallas Seminary Press, 1947–48.

Clark, Kenneth W. "Realized Eschatology". *Journal of Biblical Literature* 59 (1940):367–83.

Constable, Thomas L. "Analysis of Bible Books-New Testament". Paper submitted for course 686 Analysis of Bible Books-New Testament. Dallas Theological Seminary, January 1968.

_____. "1 Thessalonians". In *The Bible Knowledge Commentary: New Testament*, pp. 687–711. Edited by John F. Walvoord and Roy B. Zuck. Wheaton: Scripture Press Publications, Victor Books, 1983.

Darby, John Nelson. *Synopsis of the Books of the Bible*. 5 vols. Revised ed. New York: Loizeaux Brothers Publishers, 1942.

Demy, Timothy J., Thomas D. and Ice. "The Rapture and an Early Medieval Citation". *Bibliotheca Sacra* 152:607 (July-September 1995):306–17.

Denney, James. *The Epistles to the Thessalonians*. The Expositors' Bible series. New York: Hodder and Stoughton, n.d.

Dictionary of the Apostolic Church, Edited by James Hastings. 1915 ed. S.v. "Thessalonians, Epistles to the", by F. S. Marsh.

Dictionary of the Bible, Edited by James Hastings. 1910 ed. S.v. "Thessalonians, First Epistle to the", by W. Lock.

Donfield, Karl P. "The Cults of Thessalonica and the Thessalonian Correspondence". *New Testament Studies* 31:3 (July 1985);336-56.

Edgar, Thomas R. "An Exegesis of Rapture Passages". In *Issues in Dispensationalism*, pp. 203–23. Edited by Wesley R. Willis and John R. Master. Chicago: Moody Press, 1994.

_____. "The Meaning of 'Sleep' in 1 Thessalonians 5:10". *Journal of the Evangelical Theological Society* 22:4 (December 1979):345–49.

Fee, Gordon D. *The First Epistle to the Corinthians*. New International Commentary on the New Testament series. Grand Rapids: Wm. B. Eerdmans Publishing Co., 1987.

Feinberg, Paul D. "Dispensational Theology and the Rapture". In *Issues in Dispensationalism*, pp. 225–45. Edited by Wesley R. Willis and John R. Master. Chicago: Moody Press, 1994.

Fickett, Harold L. *Keep On Keeping On!* Bible Commentary for Laymen series. Glendale, Calif.: Gospel Light Publications, Regal Books, 1977.

Findlay, George G. *The Epistles of Paul the Apostle to the Thessalonians*. Cambridge Greek New Testament for Schools and Colleges series. 1904; reprint ed., Grand Rapids: Baker Book House, 1982.

Frame, James Everett. *A Critical and Exegetical Commentary on the Epistles of St. Paul to the Thessalonians*. International Critical Commentary series. Edinburgh: T. & T. Clark, 1912.

Fuller, Reginald H. *The Mission and Achievement of Jesus*. Chicago: Alec R. Allenson, Inc., 1954.

Gaebelein, Arno C. *The Annotated Bible*. 4 vols. Reprint ed. Chicago: Moody Press, and New York: Loizeaux Brothers, Inc., 1970.

A Greek-English Lexicon of the New Testament. By C. G. Wilke. Revised by C. L. Wilibald Grimm. Translated, revised and enlarged by Joseph Henry Thayer, 1889.

Gundry, Robert H. *The Church and the Tribulation.* Contemporary Evangelical Perspectives series. Grand Rapids: Zondervan Publishing House, Academic Books, 1973.

Guthrie, Donald. *New Testament Introduction.* 3 vols. 2nd ed. London: Tyndale Press, 1966.

Hendriksen, William. *New Testament Commentary: Exposition of I and II Thessalonians.* Reprint ed. Grand Rapids: Baker Book House, 1974.

Hiebert, D. Edmond. *The Thessalonian Epistles.* Chicago: Moody Press, 1971.

_____. *Working with God: Scriptural Studies in Intercession.* New York: Carlton Press, 1987.

Hock, Ronald F. *The Social Context of Paul's Ministry: Tentmaking and Apostleship.* Philadelphia: Fortress Press, 1980.

Hodges, Zane C. "The Rapture in 1 Thessalonians 5:1-22". In *Walvoord: A Tribute*, pp. 67–79. Edited by Donald K. Campbell. Chicago: Moody Press, 1982.

Hodgson, Robert, Jr. "Gospel and Ethics in First Thessalonians". *The Bible Today* 26 (November 1988):344–49.

Hubbard, David A. "The First Epistle to the Thessalonians". In *The Wycliffe Bible Commentary*, pp. 1347–59. Edited by Charles F. Pfeiffer and Everett F. Harrison. Chicago: Moody Press, 1962.

Hunter, A. M. *Paul and His Predecessors.* London: SCM Press Ltd., 1961.

International Standard Bible Encyclopedia. Edited by James Orr. 1957 ed. S.v. "Thessalonians, The First Epistle of Paul to the", by Rollin Hough Walker.

Ironside, Harry A. *Addresses on the First and Second Epistles to Thessalonians.* New York: Loizeaux Brothers, 1959.

Jewett, Robert. *The Thessalonian Correspondence: Pauline Rhetoric and Millenarian Piety.* Foundations and Facets series. Philadelphia: Fortress Press, 1986.

Karleen, Paul. *The Pre-Wrath Rapture of the Church: Is It Biblical?* Langhorne, Pa.: BF Press, 1991.

Katterjohn, Arthur D. *The Tribulation People.* Carol Stream, Ill.: Creation House, 1975.

Kimball, William R. *The Rapture: A Question of Timing.* Grand Rapids: Baker Book House, 1985.

Ladd, George E. *The Blessed Hope.* Grand Rapids: Wm. B. Eerdmans Publishing Co., 1956.

Lange, John Peter, ed. *Commentary on the Holy Scriptures.* 12 vols. Reprint ed. Grand Rapids: Zondervan Publishing House, 1960. Vol. 11: *Galatians-Hebrews*, by Otto Schmoller, Karl Braune, C. A. Auberlen, C. J. Riggenbach, J. J. Van Oosterzee, and Carl Bernhard Moll. Translated by C. C. Starburk, M. B. Riddle, Horatio B. Hackett, John Lillie, E. A. Washburn, E. Harwood, George E. Day, and A. C. Kendrick.

Lenski, Richard C. H. *The Interpretation of St. Paul's Epistles to the Colossians, to the Thessalonians, to Timothy, to Titus and to Philemon.* Reprint ed. Minneapolis: Augsburg Publishing House, 1964.

Lewis, Gordon R. "Biblical Evidence for Pretribulationism". *Bibliotheca Sacra* 125:499 (July-September 1968):216–26.

Lightfoot, J. B. *Notes on the Epistles of St. Paul.* Reprint ed. Winona Lake, Ind.: Alpha Publications, n.d.

Lindars, Barnabas. "The Sound of the Trumpet: Paul and Eschatology". *Bulletin of the John Rylands University Library of Manchester* 67:2 (Spring 1985):766–82.

Lowery, David K. "A Theology of Paul's Missionary Epistles". In *A Biblical Theology of the New Testament*, pp. 243–97. Edited by Roy B. Zuck. Chicago: Moody Press, 1994.

Malherbe, A. J. *Moral Exhortation, A Greco-Roman Sourcebook*. Library of Early Christianity series. Philadelphia: Westminster Press, 1986.

Manson, Thomas W. "St. Paul in Greece: The Letters to the Thessalonians". *Bulletin of the John Rylands Library* 35 (1952–53):428–47.

_____. *Studies in the Gospels and Epistles*. Manchester: University of Manchester, 1962.

Marshall, I. Howard. *1 and 2 Thessalonians*. New Century Bible Commentary series. Grand Rapids: Wm. B. Eerdmans Publishing Co., and London: Marshall, Morgan & Scott Pub. Ltd., 1983.

Martin, D. Michael. *1, 2 Thessalonians*. The New American Commentary series. N.c.: Broadman & Holman Publishers, 1995.

McClain, Alva J. *The Greatness of the Kingdom*. Grand Rapids: Zondervan Publishing House, 1959.

McLean, John A. "Another Look at Rosenthal's 'Pre-Wrath Rapture.'" *Bibliotheca Sacra* 148:592 (October-December 1991):387–98.

McNeile, A. H. *An Introduction to the Study of the New Testament*. 2nd ed. revised by C. S. C. Williams. Oxford: Clarendon Press, 1965.

Milligan, George. *St. Paul's Epistles to the Thessalonians*. Evangelical Masterworks series. Reprint ed. Old Tappan, N.J.: Fleming H. Revell, Co., n.d.

Morgan, G. Campbell. *Living Messages of the Books of the Bible.* 2 vols. New York: Fleming H. Revell Co., 1912.

Morison, Frank. *Who Moved the Stone?* 1930. Reprint ed. Grand Rapids: Zondervan Publishing House, Lamplighter Books, 1958.

Morris, Leon. *The Epistles of Paul to the Thessalonians.* Tyndale New Testament Commentary series. London: Tyndale Press, 1966.

_____. *The First and Second Epistles to the Thessalonians.* New International Commentary on the New Testament series. Grand Rapids: Wm. B. Eerdmans Publishing Co., 1979.

Murray, John. *The Epistle to the Romans.* 2 vols. New International Commentary on the New Testament series. Grand Rapids: Wm. B. Eerdmans Publishing Co., 1959.

The NET (New English Translation) Bible. First beta printing. Spokane, Wash.: Biblical Studies Press, 2001.

Ockenga, Harold John. "Will the Church Go Through the Tribulation? Yes". *Christian Life*, February 1955, pp. 22, 66.

Payne, J. Barton. *The Imminent Appearing of Christ.* Grand Rapids: Wm. B. Eerdmans Publishing Co., 1962.

Pentecost, J. Dwight *Things to Come.* Findlay, Ohio: Dunham Publishing Co., 1958.

Plevnik, Joseph. "The Taking Up of the Faithful and the Resurrection of the Dead in 1 Thessalonians 4:13-18". *Catholic Biblical Quarterly* 46 (1984):274–83.

Radmacher, Earl D. "Believers and the Bema". *Grace Evangelical Society News* 10:3 (May-June 1995):1, 4.

_____. "The Imminent Return of the Lord". In *Issues in Dispensationalism*, pp. 247-67. Edited by Wesley R. Willis and John R. Master. Chicago: Moody Press, 1994.

Reese, Alexander. *The Approaching Advent of Christ*. London: Marshall, Morgan & Scott, 1937.

Robertson, Archibald Thomas. *Word Pictures in the New Testament*. 6 vols. Nashville: Broadman Press, 1931.

Rosenthal, Marvin. *The Pre-Wrath Rapture of the Church*. Nashville: Thomas Nelson Publishers, 1990.

Ryrie, Charles Caldwell. *First and Second Thessalonians*. Moody Colportage Library series. Chicago: Moody Press, 1959.

_____. *So Great Salvation*. Wheaton: Scripture Press Publications, Victor Books, 1989.

Showers, Renald E. *Maranatha Our Lord, Come: A Definitive Study of the Rapture of the Church*. Bellmawr, Pa.: Friends of Israel Gospel Ministry, 1995.

_____. *The Pre-Wrath Rapture View: An Examination and Critique*. Grand Rapids: Kregel Publications, 2001.

Smith, J. B. *A Revelation of Jesus Christ*. Edited by J. Otis Yoder. Scottsdale, Pa.: Herald Press, 1971.

Stanton, Gerald B. *Kept from the Hour*. Fourth ed. Miami Springs, Fla.: Schoettle Publishing Co., 1991.

_____. "A Review of *The Pre-Wrath Rapture of the Church*". *Bibliotheca Sacra* 148:589 (January-March 1991):90–111.

Tarn, W. W., and Griffith, G. T. *Hellenistic Civilisation*. Third edition. London: E. Arnold, 1952.

Thiessen, Henry Clarence. *Introduction to the New Testament.* Grand Rapids: Wm. B. Eerdmans Publishing Co., 1962.

Thomas, Robert L. "1 Thessalonians". In *Ephesians-Philemon.* Vol. 11 of *The Expositor's Bible Commentary.* 12 vols. Edited by Frank E. Gaebelein and J. D. Douglas. Grand Rapids: Zondervan Publishing House, 1978.

Wall, Joe L. *Going for the Gold.* Chicago: Moody Press, 1991.

Wallace, Daniel B. "A Textual Problem in 1 Thessalonians 1:10: *'Ek tes 'Orges* vs *'Apo tes 'Orges*". *Bibliotheca Sacra* 147:588 (October-December 1990):470–79.

Walvoord, John F. *The Blessed Hope and the Tribulation.* Contemporary Evangelical Perspectives series. Grand Rapids: Zondervan Publishing House, 1976.

_____. *The Rapture Question.* Findlay, Ohio: Dunham Publishing Co., 1957.

_____. "The Resurrection of Israel". *Bibliotheca Sacra* 124:493 (January-March 1967):3–15.

_____. *The Thessalonian Epistles.* Study Guide series. Grand Rapids: Zondervan Publishing House, 1979.

Wanamaker, Charles A. *The Epistles to the Thessalonians.* New International Greek Testament Commentary series. Grand Rapids: Wm. B. Eerdmans Publishing Co., and Exeter, England: Paternoster Press, 1990.

White, R. Fowler. "Does God Speak Today Apart from the Bible? In *The Coming Evangelical Crisis,* pp. 77–90. Edited by John H. Armstrong. Chicago: Moody Press, 1996.

Wiersbe, Warren W. *Be Ready.* BE Books series. Wheaton: Scripture Press Publications, Victor Books, 1980.

Bibliografía de 2 Tesalonicenses

Bailey, Mark L., and Thomas L. Constable. *The New Testament Explorer*. Nashville: Word Publishing Co., 1999. Reprinted as *Nelson's New Testament Survey*. Nashville: Thomas Nelson Publishers, 1999.

Barclay, William. *The Letters to the Philippians, Colossians and Thessalonians*. Daily Study Bible series. 2nd ed. and reprint ed. Edinburgh: Saint Andrew Press, 1963.

Baxter, J. Sidlow. *Explore the Book*. 6 vols. London: Marshall, Morgan & Scott, 1965.

Best, Ernest. *A Commentary on the First and Second Epistles to the Thessalonians*. Harper's New Testament Commentaries series. New York: Harper and Row, 1972.

Bicknell, E. J. *The First and Second Epistles to the Thessalonians*. Westminster Commentaries series. London: Methuen, 1932.

Bruce, F. F. *1 & 2 Thessalonians*. Word Biblical Commentary series. Waco: Word Books, 1982.

Chafer, Lewis Sperry. *Systematic Theology*. 8 vols. Findlay, Ohio: Dunham Publishing Co., 1948.

Constable, Thomas L. "Analysis of Bible Books-New Testament". Paper submitted for course 686 Analysis of Bible Books-New Testament. Dallas Theological Seminary, January 1968.

_____. "2 Thessalonians". In *The Bible Knowledge Commentary: New Testament*, pp. 713–25. Edited by John F. Walvoord and Roy B. Zuck. Wheaton: Scripture Press Publications, Victor Books, 1983.

Darby, John Nelson. *Synopsis of the Books of the Bible*. 5 vols. Revised ed. New York: Loizeaux Brothers Publishers, 1942.

Denney, James. *The Epistles to the Thessalonians*. The Expositors' Bible series. New York: Hodder and Stoughton, n.d.

Dictionary of the Apostolic Church, Edited by James Hastings. 1915 ed. S.v. "Thessalonians, Epistles to the", by F. S. Marsh.

Dictionary of the Bible, Edited by James Hastings. 1910 ed. S.v. "Thessalonians, Second Epistle to the", by W. Lock.

Donfield, Karl P. "The Cults of Thessalonica and the Thessalonian Correspondence". *New Testament Studies* 31:3 (July 1985):336–56.

Edgar, Thomas R. "An Exegesis of Rapture Passages". In *Issues in Dispensationalism*, pp. 203–23. Edited by Weslay R. Willis and John R. Master. Chicago: Moody Press, 1994.

English, E. Schuyler. *Re-Thinking the Rapture*. Travelers Rest, S.C.: Southern Bible, 1954.

Epp, Theodore H. "The Restrainer Removed". *Good News Broadcaster*, March 1975, pp. 20–22.

Fickett, Harold L. *Keep On Keeping On!* Bible Commentary for Laymen series. Glendale, Calif.: Gospel Light Publications, Regal Books, 1977.

Frame, James Everett. *A Critical and Exegetical Commentary on the Epistles of St. Paul to the Thessalonians*. International Critical Commentary series. Edinburgh: T. & T. Clark, 1912.

Gaebelein, Arno C. *The Annotated Bible*. 4 vols. Reprint ed. Chicago: Moody Press, and New York: Loizeaux Brothers, Inc., 1970.

A Greek-English Lexicon of the New Testament. By C. G. Wilke. Revised by C. L. Wilibald Grimm. Translated, revised and enlarged by Joseph Henry Thayer, 1889.

Gundry, Robert H. *The Church and the Tribulation.* Contemporary Evangelical Perspectives series. Grand Rapids: Zondervan Publishing House, Academic Books, 1973.

Guthrie, Donald. *New Testament Introduction.* 3 vols. 2nd ed. London: Tyndale Press, 1966.

Hendriksen, William. *New Testament Commentary: Exposition of I and II Thessalonians.* Reprint ed. Grand Rapids: Baker Book House, 1974.

Hiebert, D. Edmond. *The Thessalonian Epistles.* Chicago: Moody Press, 1971.

Hodges, Zane C. *Grace in Eclipse.* Dallas: Redencion Viva, 1981.

Hubbard, David A. "The Second Epistle to the Thessalonians". In *The Wycliffe Bible Commentary,* pp. 1361–66. Edited by Charles F. Pfeiffer and Everett F. Harrison. Chicago: Moody Press, 1962.

International Standard Bible Encyclopedia. Edited by James Orr. 1957 ed. S.v. "Thessalonians, The Second Epistle of Paul to the", by M. N. Tod.

Ironside, Harry A. *Addresses on the First and Second Epistles to Thessalonians.* New York: Loizeaux Brothers, 1959.

Kitchens, Ted G. "Perimeters of Corrective Church Discipline". *Bibliotheca Sacra* 148:590 (April-June 1991):201–13.

Ladd, George E. *The Blessed Hope.* Grand Rapids: Wm. B. Eerdmans Publishing Co., 1956.

Laney, J. Carl. "The Biblical Practice of Church Discipline". *Bibliotheca Sacra* 143:572 (October-December 1986):353–64.

Lange, John Peter, ed. *Commentary on the Holy Scriptures*. 12 vols. Reprint ed. Grand Rapids: Zondervan Publishing House, 1960. Vol. 11: *Galatians-Hebrews*, by Otto Schmoller, Karl Braune, C. A. Auberlen, C. J. Riggenbach, J. J. Van Oosterzee, and Carl Bernhard Moll. Translated by C. C. Starburk, M. B. Riddle, Horatio B. Hackett, John Lillie, E. A. Washburn, E. Harwood, George E. Day, and A. C. Kendrick.

Lenski, Richard C. H. *The Interpretation of St. Paul's Epistles to the Colossians, to the Thessalonians, to Timothy, to Titus and to Philemon*. Reprint ed. Minneapolis: Augsburg Publishing House, 1964.

Lewis, Gordon R. "Biblical Evidence for Pretribulationism". *Bibliotheca Sacra* 125:499 (July-September 1968):216–26.

Lightfoot, J. B. *Notes on the Epistles of St. Paul*. Reprint ed. Winona Lake, Ind.: Alpha Publications, n.d.

Lowery, David K. "A Theology of Paul's Missionary Epistles". In *A Biblical Theology of the New Testament*, pp. 243–97. Edited by Roy B. Zuck. Chicago: Moody Press, 1994.

Manson, Thomas W. "St. Paul in Greece: The Letters to the Thessalonians". *Bulletin of the John Rylands Library* 35 (1952–53):428–47.

_____. *Studies in the Gospels and Epistles*. Manchester: University of Manchester, 1962.

Marshall, I. Howard. *1 and 2 Thessalonians*. New Century Bible Commentary series. Grand Rapids: Wm. B. Eerdmans Publishing Co., and London: Marshall, Morgan & Scott Pub. Ltd., 1983.

Martin, D. Michael. *1, 2 Thessalonians*. The New American Commentary series. N.c.: Broadman & Holman Publishers, 1995.

McCall, Thomas S. "How Soon the Tribulation Temple?" *Bibliotheca Sacra* 128:512 (October-December 1971):341–51.

_____. "Problems in Rebuilding the Tribulation Temple". *Bibliotheca Sacra* 129:513 (January-March 1972):75–80.

McLean, John A. "Another Look at Rosenthal's 'Pre-Wrath Rapture.'" *Bibliotheca Sacra* 148:592 (October-December 1991):387–98.

McNeile, A. H. *An Introduction to the Study of the New Testament.* 2nd ed. revised by C. S. C. Williams. Oxford: Clarendon Press, 1965.

Milligan, George. *St. Paul's Epistles to the Thessalonians.* Evangelical Masterworks series. Reprint ed. Old Tappan, N.J.: Fleming H. Revell, Co., n.d.

Morgan, G. Campbell. *Living Messages of the Books of the Bible.* 2 vols. New York: Fleming H. Revell Co., 1912.

Morris, Leon. *The Epistles of Paul to the Thessalonians.* Tyndale New Testament Commentary series. London: Tyndale Press, 1966.

_____. *The First and Second Epistles to the Thessalonians.* New International Commentary on the New Testament series. Grand Rapids: Wm. B. Eerdmans Publishing Co., 1959.

_____. *The Gospel According to John: Revised Edition.* New International Commentary on the New Testament series. Grand Rapids: Wm. B. Eerdmans Publishing Co., 1995.

The NET (New English Translation) Bible. First beta printing. Spokane, Wash.: Biblical Studies Press, 2001.

Peterson, Robert A. "Does the Bible Teach Annihilationism?" *Bibliotheca Sacra* 156:621 (January-March 1999):13–27.

Powell, Charles E. "The Identity of the 'Restrainer' in 2 Thessalonians 2:6-7". *Bibliotheca Sacra* 154:615 (July-September 1997):320–32.

Poythress, Vern S. "2 Thessalonians 1 Supports Amillennialism". *Journal of the Evangelical Theological Society* 37:4 (December 1994):529–38.

Reese, Alexander. *The Approaching Advent of Christ.* London: Marshall, Morgan and Scott, 1937; reprint ed., Grand Rapids: Grand Rapids International Publications, 1975.

Rice, John R. *The Coming Kingdom of Christ.* Wheaton: Sword of the Lord Publishers, 1945.

Robertson, Archibald Thomas. *Word Pictures in the New Testament.* 6 vols. Nashville: Broadman Press, 1931.

Rosenthal, Marvin. *The Pre-Wrath Rapture of the Church.* Nashville: Thomas Nelson Publishers, 1990.

Ryrie, Charles Caldwell. *First and Second Thessalonians.* Moody Colportage Library series. Chicago: Moody Press, 1959.

Showers, Renald E. *Maranatha Our Lord, Come: A Definitive Study of the Rapture of the Church.* Bellmawr, Pa.: Friends of Israel Gospel Ministry, 1995.

_____. *The Pre-Wrath Rapture View: An Examination and Critique.* Grand Rapids: Kregel Publications, 2001.

Stanton, Gerald B. *Kept from the Hour.* Fourth ed. Miami Springs, Fla.: Schoettle Publishing Co., 1991.

Theological Dictionary of the New Testament. S.v. "*olethpos*", by J. Schneider, 5 (1967):168–69.

Thiessen, Henry Clarence. *Introduction to the New Testament.* Grand Rapids: Wm. B. Eerdmans Publishing Co., 1962.

Thomas, Robert L. "1 Thessalonians". In *Ephesians-Philemon.* Vol. 11 of *The Expositor's Bible Commentary.* 12 vols. Edited by Frank E.

Gaebelein and J. D. Douglas. Grand Rapids: Zondervan Publishing House, 1978.

_____. *Evangelical Hermeneutics: The New Versus the Old.* Grand Rapids: Kregel Publications, 2002.

Thornton, Larry R. "Salvation in the Tribulation in Light of God's 'Working unto Delusion'". *Calvary Baptist Theological Journal* 3:2 (Fall 1987):26–49.

Walvoord, John F. *The Blessed Hope and the Tribulation.* Contemporary Evangelical Perspectives series. Grand Rapids: Zondervan Publishing House, 1976.

_____. *The Holy Spirit.* 3rd ed. Findlay, Ohio: Dunham Publishing Co., 1958.

_____. *The Millennial Kingdom.* Revised ed. Findlay, Ohio: Dunham Publishing Co., 1963

_____. *The Thessalonian Epistles.* Study Guide series. Grand Rapids: Zondervan Publishing House, 1979.

_____. "Will Israel Build a Temple in Jerusalem?" *Bibliotheca Sacra* 125:498 (April-June 1968):99–106.

Wanamaker, Charles A. *The Epistles to the Thessalonians.* New International Greek Testament Commentary series. Grand Rapids: Wm. B. Eerdmans Publishing Co., and Exeter, England: Paternoster Press, 1990.

Wiersbe, Warren W. *Be Ready.* BE Books series. Wheaton: Scripture Press Publications, Victor Books, 1980.

Wuest, Kenneth S. *Prophetic Light in the Present Darkness.* Grand Rapids: Wm. B. Eerdmans Publishing Co., 1955.

Más sobre la serie Notas de fe

Los comentarios del Dr. Thomas Constable han ayudado a miles de personas comprender la enseñanza de la Biblia. En cada libro de serie de Notas de fe, encontrarás tesoro tras tesoro de información para ayudarte entender a Dios y su propósito para tu vida.

La serie lleva a los lectores en una aventura a través de la historia descubriendo lo que el texto significa a sus lectores originales. En fácil-de-entender idioma Dr. Constable cuidadosamente saca aplicación de vida real para creyentes del siglo veinte y uno.

Dr. Constable conecta los puntos entre otros pasajes de escritura y nos recuerda como escritura hermosamente interpreta escritura. Notas de fe es el último comentario bíblico que necesitarás. Cada libro contiene:

Trasfondo histórico—Completo con una cronología de eventos y mapa de la configuración del libro, Dr. Constable nos ofrece un trasfondo útil para entender el contexto.

Mensaje principal—Cada libro ofrece a los lectores un alto nivel de resumen del mensaje principal del escritor, explicando el énfasis e ímpetu por escribir.

Exposición sensata—El verso por verso comentario se sumerge en detalle sobre cada verso. Dr. Constable considera puntos de vista de otros eruditos, citando frecuentemente teólogos bien conocidos. Él se profundiza en textos discutibles, tratando justamente con cada punto de vista.

La serie Notas de fe nació a través de las populares notas bíblicas del Dr. Constable. Por años los estudiantes del Dr. "C" en el seminario teológico de Dallas han dependido de estas notas comprensivas. Después de recibir muchas peticiones, el comenzó a publicar sus notas en **SonicLight.org**.

Sobre el autor

El Dr. Thomas Constable enseño como profesor durante cuarenta y cinco años en Dallas Theological Seminary, sirviendo principalmente en el departamento de la Exposición de la Biblia.

En 1968, el fundó la iglesia, Plano Bible Chapel (en Plano, Texas) y por doce años, el ha conducido como líder en la iglesia. El continúa laborando como anciano en PBC.

El Dr. Constable ha escrito un comentario para cada libro de la Biblia y también incluye actualizaciones de estas extensas ***Notas de fe*** cada año. Cuando el no esta escribiendo o estudiando la palabra de Dios, el disfruta de la jardinería y le gusta mirar PBS en la televisión con su esposa Mary. El "Dr. C" vive en Plano, Texas con Mary.

Títulos de los Libros de Dr. Constable
Nuevo Testamento

El rey:	Un comentario bíblico de Mateo
El siervo:	Un comentario bíblico de Marcos
El buscador:	Un comentario bíblico de Lucas
El revelador:	Un comentario bíblico de Juan
El vencedor:	Un comentario bíblico de el Apocalipsis
La misión:	Un comentario bíblico de Hechos
El plan:	Un comentario bíblico de Romanos
La ciudad:	Un comentario bíblico de 1 Corintios
La iglesia:	Un comentario bíblico de 2 Corintios
Liberados:	Un comentario bíblico de Gálatas
Revelados:	Un comentario bíblico de Efesios
Esculpidos:	Un comentario bíblico de Filipenses
Perfeccionados:	Un comentario bíblico de Colosenses
El regreso:	Un comentario bíblico de 1 y 2 Tesalonicenses
El pastor:	Un comentario bíblico de 1 y 2 Timoteo
El gerente:	Un comentario bíblico de Tito
El hermano y el aviso:	Un comentario bíblico de Filemón y Judas
Supremacía:	Un comentario bíblico de Hebreos
Integridad:	Un comentario bíblico de Santiago
Tenacidad:	Un comentario bíblico de 1 y 2 Pedro
Intimidad:	Un comentario bíblico de 1, 2, y 3 Juan

www.ingramcontent.com/pod-product-compliance
Lightning Source LLC
LaVergne TN
LVHW021343080426
835508LV00020B/2102